# 航行规则与条例手册

美国海岸警卫队　著

盛碧琦　刘　玉　刘鑫宇　译

哈尔滨工程大学出版社
Harbin Engineering University Press

**图书在版编目(CIP)数据**

航行规则与条例手册/美国海岸警卫队
(United States Coast Guard)著；盛碧琦，刘玉，刘
鑫宇译.—哈尔滨：哈尔滨工程大学出版社，2023.11
书名原文：Navigation Rules and Regulations
ISBN 978-7-5661-4145-3

Ⅰ.①航… Ⅱ.①美… ②盛… ③刘… ④刘… Ⅲ.
①船舶航行-规则-手册 Ⅳ.①U675.5-65

中国国家版本馆 CIP 数据核字(2023)第 226429 号

**航行规则与条例手册**
HANGXING GUIZE YU TIAOLI SHOUCE

| | |
|---|---|
| **选题策划** | 史大伟 |
| **责任编辑** | 张　彦　曹篮心　刘思凡 |
| **封面设计** | 李海波 |

| | |
|---|---|
| **出版发行** | 哈尔滨工程大学出版社 |
| **社　　址** | 哈尔滨市南岗区南通大街 145 号 |
| **邮政编码** | 150001 |
| **发行电话** | 0451-82519328 |
| **传　　真** | 0451-82519699 |
| **经　　销** | 新华书店 |
| **印　　刷** | 哈尔滨午阳印刷有限公司 |
| **开　　本** | 787 mm×1 092 mm　1/16 |
| **印　　张** | 14.5 |
| **字　　数** | 277 千字 |
| **版　　次** | 2023 年 11 月第 1 版 |
| **印　　次** | 2023 年 11 月第 1 次印刷 |
| **书　　号** | ISBN 978-7-5661-4145-3 |
| **定　　价** | 60.00 元 |

http://www.hrbeupress.com
E-mail:heupress@hrbeu.edu.cn

# 译　者　序

无规矩不成方圆。茫茫海上,船行万里,每一艘船都必须严格按照既定的航道和规则通行,遵守相关法律法规的规定,才能保证航行安全,顺利到达目的地。因此,海上航行规则对维护海上交通安全、保证海上交通秩序有着重要作用,也是开展航运管理工作的重要准绳。本书围绕驾驶和航行规则、号灯和号型、声音和灯光信号等方面详细介绍了航行规则,提供了法律引用和换算表,明确了解释性规则、处罚规定、实施规则、海上避碰规则分界线、船舶操作等细节问题,为有关部门和人员洞悉美国海上船舶航行管理做法、提升海上航行安全意识、强化航行规则运用实践提供借鉴和思考。

本书由盛碧琦担任主译。武警海警学院盛碧琦翻译国际和内陆航行规则 A 部分、B 部分和 C 部分,武警海警学院刘玉翻译国际和内陆航行规则 D 部分、E 部分和附录,武警海警学院刘鑫宇负责全书校对。全书由盛碧琦统稿。

由于水平有限,书中难免有欠妥和错误之处,恳请读者批评指正。

译　者

2023 年 8 月

# 变 更 记 录

| 更改号 | 变更日期 | 生效日期 | 录入者信息 |
|---|---|---|---|
| 001 | 2014 年 11 月 17 日／<br>2014 年 11 月 22 日 | 2014 年 11 月 17 日／<br>2014 年 11 月 22 日 | LNM 46–14 ／ NTM 48–14 |
| 002 | 2014 年 12 月 8 日／<br>2014 年 12 月 20 日 | 2014 年 12 月 8 日／<br>2014 年 12 月 20 日 | LNM 49–14 ／ NTM 51–14 |
| 003 | 2015 年 8 月 24 日／<br>2015 年 9 月 7 日 | 2015 年 8 月 24 日／<br>2015 年 9 月 7 日 | LNM 35–15 ／ NTM 37–15 |
| 004 | 2015 年 9 月 29 日／<br>2015 年 10 月 10 日 | 2015 年 9 月 29 日／<br>2015 年 10 月 10 日 | LNM 39–15 ／ NTM 41–15 |
| 005 | 2015 年 11 月 30 日／<br>2015 年 12 月 12 日 | 2015 年 11 月 30 日／<br>2015 年 12 月 12 日 | LNM 48–15 ／ NTM 50–15 |

# 目　　录

# 导　言

## 国　际　规　则

　　本书中的国际规则在《国际海上避碰规则公约》中正式确定,并于 1977 年 7 月 15 日正式生效。这些规则(通常称为《国际海上避碰规则》)是该公约的一部分,悬挂批准该公约国家国旗的船舶受这些规则的约束。美国已批准《国际海上避碰规则公约》,所有悬挂美国国旗的船只必须遵守这些规则。美国第 38 任总统杰拉尔德·福特宣布了《国际海上避碰规则》,美国国会将其作为 1977 年《国际航行规则法》通过。

　　《国际海上避碰规则》由政府间海事协商组织(IMCO)制定,该组织于 1982 年 5 月更名为国际海事组织(IMO)。1981 年 11 月,国际海事组织大会通过了 55 项对《国际海上避碰规则》的修正案,并于 1983 年 6 月 16 日生效。国际海事组织还通过了另外 9 项修正案,并于 1989 年 6 月 29 日生效。另外 1 项单独的修正案于 1991 年 3 月 19 日生效。1993 年,国际海事组织通过了 8 项修正案,并于 1995 年生效。之后国际海事组织还通过了 9 项修正案,并于 2003 年 11 月 29 日起生效。此后,国际海事组织通过了 1 项修正案,更新了遇险信号,并于 2009 年 12 月 1 日生效。本书中的国际规则涵盖这些修正案。

　　本规则适用于既定分界线以外的水域。这些分界线被称为国际海上避碰规则分界线,该线划定了海员应遵守的内陆和国际规则的水域。国际海上避碰规则分界线包含在本书中。

# 导　言

## 内　陆　规　则

本书中的《内陆法规》取代了旧版的《内陆规则》《西部河流规则》《五大湖规则》等各自的引航规则和解释规则,以及 1940 年《摩托艇法》的部分内容。美国国内许多旧版的航行规则最初是在 19 世纪制定的,只是偶尔会增加一些条款,以应对日益复杂的水路运输。最终,美国内陆水道的航行规则变成了许多复杂的要求。在 20 世纪 60 年代,人们曾多次尝试对其进行修订和简化,但是这些尝试均未取得成功。

《国际海上避碰规则公约》的签署,为统一和更新各种内河航行规则作出了新的努力。这一努力最终促使美国于 1980 年颁布了《内陆导航规则法》,这项法规发布了第 1—38 条的规则主体以及 5 个附件。必须指出的是,除《内陆规则》附件五外,国际和内陆规则及附件在内容和格式上都非常相似。

《内陆导航规则法》在美国的生效日期为 1981 年 12 月 24 日,但大湖区除外,该法规在大湖区生效日期为 1983 年 3 月 1 日。

2010 年 5 月 17 日,美国海岸警卫队发布了一项最终规则,将《内陆导航规则》纳入联邦法规。此举符合 2004 年《海岸警卫队和海上运输法》,该法废除了《美国法典》中的《内陆航行规则》。

本手册取代指挥官指令 M16672. 2D,《导航规则:国际—内陆》。本手册保持相同的格式,并提供附件和更新的内容。需要注意的是,并非《联邦法规汇编》第 33 篇中的所有美国导航法规都包含在本手册中。

# 法 律 引 用

## 船舶航行规则

## 船舶的一般操作

# 换 算 表

## 公制到美国惯用/英制单位的转换

| 公制 | 美国惯用/英制 (大约) |
|---|---|
| 1 000 米 | 3 280.8 英尺 |
| 500 米 | 1 640.4 英尺 |
| 200 米 | 656.2 英尺 |
| 150 米 | 492.1 英尺 |
| 100 米 | 328.1 英尺 |
| 75 米 | 246.1 英尺 |
| 60 米 | 196.8 英尺 |
| 50 米 | 164.0 英尺 |
| 25 米 | 82.0 英尺 |
| 20 米 | 65.6 英尺 |
| 12 米 | 39.4 英尺 |
| 10 米 | 32.8 英尺 |
| 8 米 | 26.2 英尺 |
| 7 米 | 23.0 英尺 |
| 6 米 | 19.7 英尺 |
| 5 米 | 16.4 英尺 |
| 4.5 米 | 14.8 英尺 |
| 4.0 米 | 13.1 英尺 |
| 3.5 米 | 11.5 英尺 |
| 2.5 米 | 8.2 英尺 |
| 2.0 米 | 6.6 英尺 |
| 1.5 米 | 4.9 英尺 |

1.0 米 ···································································· 3.3 英尺

0.9 米 ···································································· 35.4 英寸

0.6 米 ···································································· 23.6 英寸

0.5 米 ···································································· 19.7 英寸

300 毫米 ································································· 11.8 英寸

200 毫米 ································································· 7.9 英寸

# 国际和内陆航行规则 A 部分
# 国　　际

## 总　则

### 规则 1　适用范围

1. 本规则适用于公海以及与公海相连的可供海船航行所有水域的一切船舶。

2. 本规则条款不妨碍有关主管机关为连接公海而对可供海船航行的任何港外锚地、江河、湖泊或内陆水道所制定的特殊规定的实施。这种特殊规定,应尽可能符合本规则条款。

3. 本规则条款不妨碍各国政府为军舰及护航情况下的船舶所制定的关于额外队形灯、信号灯、号型或笛号,或者为结队从事捕鱼的渔船所制定的关于额外队形灯、信号灯或号型的任何特殊规定的实施。这些额外的队形灯、信号灯、号型或笛号,应尽可能不致被误认为本规则其他条文所规定的任何号灯、号型或信号①。

4. 为实施本规则,本组织可以采纳分道通航制。

---

①　作为一种独特的识别手段,潜艇可能会显示一个间歇闪烁的琥珀色(黄色)信标,其顺序为每秒闪烁一次,持续 3 s,然后是 3 s"关闭"间隔(32 CFR 707.7)。海军部长制定的关于额外船站和信号灯其他特殊规则请参见美国《联邦法规》(32 CFR 706)第 32 篇第 706 节。

# 国际和内陆航行规则 A 部分
# 内　　陆

## 美国《联邦法规》第 33 篇第 83 节
## 总　　则

### 规则 1　适用范围

**§ 83.01**

1. 本规则适用于在美国内陆水域的所有船舶,以及在不违反加拿大法律的情况下于五大湖加拿大水域航行的美国船舶。本部分中的法规(E 部分,美国《联邦法规》第 33 篇第 83—90 条部分)相较同一领域内的州或地方法规具有优先效力。

2.(1)本规则构成《国际海上避碰规则》(包括目前在美国生效的附件)第 1 条第 2 款所指的有关当局制定的特殊规则。

(2)凡符合《国际规则》规定的结构和设备要求的所有船舶均被视为符合本规则。

3. 本规则中的任何内容均不得妨碍海军部长制定的任何特殊规则的实施,这些规则涉及战舰和护航船只额外的队形灯、信号灯、号型或笛号,或部长制定的关于作为船队捕鱼的渔船额外的队形灯、信号灯、号型或笛号的特殊规则。这些额外的队形灯、信号灯、号型或笛号信号应尽可能使其不会被误认为是本规则其他地方授权的任何号灯、号型或信号。此类特殊规则的通知应在《联邦公报》上公布,在此类通知规定的生效日期后,此类特殊规则应被视为本规则的一部分而生效。

4. 为实施本规则,可以采取分道通航制。《船舶交通服务条例》可能在某些地区生效。

# 国　　际

## 总　　则

### 规则 1–续

5. 凡经有关政府确定,某种特殊构造或用途的船舶,如不能完全遵守本规则任何一条关于号灯或号型的数量、位置、能见距离或弧度以及声号设备的配置和特性的规定,则应遵守其政府在号灯或号型的数量、位置、能见距离或弧度以及声号设备的配置和特性方面为之另行确定的尽可能符合本规则条款要求的规定。

### 规则 2　责任

1. 本规则条款并不免除任何船舶或其所有人、船长或船员由于遵守本规则条款的任何疏忽,或者按海员通常做法或当时特殊情况所要求的任何戒备上的疏忽而产生的各种后果的责任。

2. 在解释和遵行本规则条款时,应充分考虑一切航行和碰撞的危险,以及当事船舶条件限制在内的任何特殊情况,这些危险和特殊情况可能需要背离本规则条款以避免紧迫危险。

# 内　陆

## 总　则

### 规则 1－续

5. 当海岸警卫队所属部门助理确定一艘或一类特殊结构或用途的船舶不能完全遵守本规则中关于号灯或号型的数量、位置、范围或可见度以及声音信号设备的配置和特性的规定时,船舶应遵守其他规定,包括号灯或号型的数量、位置、范围或可见度以及声音信号装置的配置和特性,海军部长应确定这些规定尽可能符合本规则。海军部长可为一艘船舶或一类船舶签发替代合规证书,说明最接近本规则的合规性。海军部长应做出这些决定,并为海军船舶签发替代合规证书。

6. 如果海军部长确定缔约方的替代合规标准与美国的标准基本相同,则可接受国际法规缔约方签发的替代合规标准证书。

7. 每艘长度为 12 m 或 12 m 以上的自航船舶的操作员应在船上携带并保存一份本规则副本,以备参考。

### 规则 2　责任

#### § 83.02

1. 本规则条款并不免除任何船舶或其所有人、船长或船员由于遵守本规则条款产生的任何疏忽,或者按海员通常做法或当时特殊情况所要求的任何戒备上的疏忽而产生各种后果的责任。

2. 在解释和遵行本规则条款时,应充分考虑一切航行和碰撞的危险,以及包括当事船舶条件限制在内的任何特殊情况,这些危险和特殊情况可能需要背离本规则条款以避免紧迫危险。

# 国　　际

## 总　　则

### 规则 3　一般定义

除条文另有解释外,在本规则中:

1.“船舶”指用作或者能够用作水上运输工具的各类水上船筏,包括非排水式船筏、地效飞行器和水上飞机等。

2.“机动船”是指由机器推动的任何船舶。

3.“帆船”是指任何依靠风帆航行的船舶,如装有推进器但未使用的船舶。

4.“从事捕鱼的船舶”指使用网具、绳钓、拖网或其他使其操纵性能受到限制的渔具捕鱼的任何船舶,但不包括使用曳绳钓或其他使其操纵性能不受到限制的渔具捕鱼的船舶。

5.“水上飞机”包括为能在水面操纵而设计的任何航空器。

6.“失去控制的船舶”是指由于某种异常情况,不能按本规则条款的要求进行操纵,因而不能给他船让路的船舶。

7.“操纵能力受到限制的船舶”指由于工作性质,使其按本规则条款的要求进行操纵的能力受到限制,因而不能给他船让路的船舶。

“操纵能力受到限制的船舶”应包括但不限于下列船舶:

(1)从事敷设、维修或打捞助航标志、海底电缆或管道的船舶;

(2)从事疏浚、测量或水下作业的船舶;

(3)在航行中从事补给或转运人员、食品或货物的船舶;

(4)从事放飞或回收飞行器的船舶;

(5)从事扫雷作业的船舶;

(6)从事拖带作业的船舶,而该项拖带作业使该拖船及其被拖物体驶离其航向的能力严重受到限制者。

11

# 内 陆

## 总 则

### 规则 3 一般定义

**§ 83.03**

除条文另有解释外,在本规则及 E① 部分中:

1."船舶"是指用作或者能够用作水上运输工具的各类水上船筏,包括非排水式船筏、地效飞行器和水上飞机等。

2."机动船"是指由机器推动的任何船舶。

3."帆船"是指任何依靠风帆航行的船舶,如装有推进器但未使用的船舶。

4."从事捕鱼的船舶"是指使用网具、绳钓、拖网或其他使其操纵性能受到限制的渔具捕鱼的任何船舶,但不包括使用曳绳钓或其他使其操纵性能不受到限制的渔具捕鱼的船舶。

5."水上飞机"包括为能在水面操纵而设计的任何航空器。

6."失去控制的船舶"指由于某种异常情况,不能按本规则条款的要求进行操纵,因而不能给他船让路的船舶。

7."操纵能力受到限制的船舶"指由于工作性质,使其按本规则条款的要求进行操纵的能力受到限制,因而不能给他船让路的船舶。

"操纵能力受到限制的船舶"应包括但不限于下列船舶:

(1)从事敷设、维修或打捞助航标志、海底电缆或管道的船舶;

(2)从事疏浚、测量或水下作业的船舶;

(3)在航行中从事补给或转运人员、食品或货物的船舶;

(4)从事放飞或回收飞行器的船舶;

(5)从事扫雷作业的船舶;

(6)从事拖带作业的船舶,而该项拖带作业使该拖船及其被拖物体驶离其航向的能力严重受到限制者。

---

① 美国《联邦法规》第 33 篇第 83—90 节。

# 国　　际

## 总　　则

**规则 3-续**

8. "限于吃水的船舶"是指由于吃水与可航行水域的水深和宽度的关系,致使其驶离航向的能力严重地受到限制的机动船。

9. "在航"是指船舶不在锚泊、系岸或搁浅状态。

10. 船舶的"长度"和"宽度"是指其总长度和最大宽度。

11. 只有当一船能自他船通过视觉看到时,才应认为两船是在互见中。

12. "能见度不良"是指任何由于雾、霾、下雪、暴风雨、沙暴或任何其他类似原因而使能见度受到限制的情况。

13. "地效翼(WIG)飞行器"是指在其主要操作模式下,利用表面效应作用在接近地面或水面位置飞行的多模态飞行器。

# 内 陆

## 总 则

**规则 3-续**

8. [保留]。

9. "在航"是指船舶不在锚泊、系岸或搁浅状态。

10. 船舶的"长度"和"宽度"是指其总长度和最大宽度。

11. 只有当一船能自他船通过视觉看到时,才应认为两船是在互见中。

12. "能见度不良"是指任何由于雾、霾、下雪、暴风雨、沙暴或任何其他类似原因而使能见度受到限制的情况。

13. "地效翼(WIG)飞行器"是指在其主要操作模式下,利用表面效应作用在接近地面或水面位置飞行的多模态飞行器。

14. "西部河流"是指密西西比河及其支流、南部通道和西南通道,包括将公海与美国港口、河流和其他内陆水域分开的导航分界线,艾伦港—摩根港城市备用航线,以及阿查法拉亚河与艾伦港—摩根港城市备用航线(包括老河和红河)交汇处上游的部分。

15. "五大湖"是指五大湖及其连接水域和支流,包括卡卢梅特河至托马斯·奥布莱恩船闸和控制工程(326—327 mi①)、芝加哥河至阿什兰大道大桥东侧(321—322 mi),以及圣劳伦斯河至圣兰伯特船闸下出口。

16. "助理"是指海岸警卫队所在部门的助理。

17. "内陆水域"是指将公海与美国的港口、河流和其他内陆水域,以及国际边界美国一侧的五大湖水域分隔开来的导航分界线沿岸的美国可航行水域。

18. "内陆规则"或"规则"是指本《内陆导航规则》及其附件,这些规则管理船舶的行为,并规定适用于内陆水域的号灯、号型和声音信号。

19. "国际法规"是指《国际海上避碰规则》,包括美国现行有效的附件。

---

① 1 mi ≈ 1.609 344 km。

# 国际和内陆航行规则 B 部分
# 国        际

## 驾驶和航行规则
## 第一节　船舶在任何能见度情况下的行动规则

### 规则 4　适用范围

本节条款适用于任何能见度情况。

### 规则 5　瞭望

每艘船在任何时候都应使用视觉、听觉,以及适合当时环境和情况的一切有效手段保持正规的瞭望,以便对突发状况和碰撞危险进行充分估计。

# 国际和内陆航行规则 B 部分
# 内　　陆

## 驾驶和航行规则
### 船舶在任何能见度情况下的行动规则

### 规则 4　适用范围

**§ 83.04**

规则 4—10(§83.04—83.10)适用于任何能见度条件。

### 规则 5　瞭望

**§ 83.05**

每艘船在任何时候都应使用视觉、听觉,以及适合当时环境和情况的一切有效手段保持正规的瞭望,以便对突发状况和碰撞危险进行充分的估计。

# 国　　际

## 驾驶和航行规则

### 规则 6　安全航速

每艘船在任何时候都应以安全航速行驶,以便能采取适当而有效的避碰行动,并能在适合当时环境和情况的距离以内把船停住。

在决定安全航速时,考虑的因素中应包括下列各点。

1. 适用所有船舶的因素

(1)能见度情况。

(2)通航密度,包括渔船或者任何其他船舶的密集程度。

(3)船舶的操纵性能,特别是在当时情况下的冲程和旋回性能。

(4)夜间出现的背景亮光,诸如来自岸上的灯光或本船灯光的反向散射。

(5)风、浪和流的状况以及靠近航海危险物的情况。

(6)吃水与可用水深的关系。

2. 对备有可使用的雷达的船舶,还应考虑的因素

(1)雷达设备的特性、效率和局限性。

(2)所选用的雷达距离标尺带来的任何限制。

(3)海况、天气和其他干扰源对雷达探测的影响。

(4)在一定距离内,雷达对小船、浮冰和其他漂浮物有探测不到的可能性。

(5)雷达探测到的船舶数量、位置和动态。

(6)当使用雷达确定附近船舶或其他物体的距离时,可能对能见度进行更准确的评估。

# 内　陆

## 驾驶和航行规则

### 规则 6　安全航速

**§ 83.06**

每艘船在任何时候都应以安全航速行驶,以便能采取适当而有效的避碰行动,并能在适合当时环境和情况的距离以内把船停住。

在决定安全航速时,考虑的因素中应包括下列各点。

1.适用所有船舶的因素

(1)能见度情况。

(2)通航密度,包括渔船或者任何其他船舶的密集程度。

(3)船舶的操纵性能,特别是在当时情况下的冲程和旋回性能。

(4)夜间出现的背景亮光,诸如来自岸上的灯光或本船灯光的反向散射。

(5)风、浪和流的状况以及靠近航海危险物的情况。

(6)吃水与可用水深的关系。

2.对备有可使用的雷达的船舶,还应考虑的因素

(1)雷达设备的特性、效率和局限性。

(2)所选用的雷达距离标尺带来的任何限制。

(3)海况、天气和其他干扰源对雷达探测的影响。

(4)在一定距离内,雷达对小船、浮冰和其他漂浮物有探测不到的可能性。

(5)雷达探测到的船舶数量、位置和动态。

(6)当使用雷达确定附近船舶或其他物体的距离时,可能对能见度进行更准确的评估。

# 国　　际

## 驾驶和航行规则

### 规则 7　碰撞风险

1.每艘船都应使用适合当时环境和情况的一切有效手段判断是否存在碰撞风险,如有任何怀疑,应认为存在这种风险。

2.如装有雷达设备并可使用的话,应正确予以使用,包括远距离扫描,以便获得碰撞风险的早期警报,并对探测到的物标进行雷达标绘或观察与其相当的系统。

3.不应当根据不充分的资料,特别是不充分的雷达观测资料作出推断。

4.在判定是否存在碰撞风险时,考虑的因素应包括下列各点:

(1)如果来船的罗经方位没有明显的变化,应认为存在这种风险;

(2)即使来船有明显的方位变化,有时也可能存在这种风险,特别是在驶近一艘很大的船或拖带船组,或是在近距离驶近他船时。

# 内　　陆

## 驾驶和航行规则

### 规则 7　碰撞风险

**§ 83.07**

1. 每艘船都应使用适合当时环境和情况的一切有效手段判断是否存在碰撞风险,如有任何怀疑,应认为存在这种风险。

2. 如装有雷达设备并可使用的话,应正确予以使用,包括远距离扫描,以便获得碰撞风险的早期警报,并对探测到的物标进行雷达标绘或与其相当的系统观察。

3. 不应当根据不充分的资料,特别是不充分的雷达观测资料作出推断。

4. 在判定是否存在碰撞风险时,考虑的因素应包括下列各点:

(1)如果来船的罗经方位没有明显的变化,应认为存在这种风险;

(2)即使来船有明显的方位变化,有时也可能存在这种风险,特别是在驶近一艘很大的船或拖带船组,或是在近距离驶近他船时。

# 国　　际

## 驾驶和航行规则

### 规则 8　避免碰撞的行动

1. 为避免碰撞而采取的任何行动均应按照本部分的规则进行,如果情况允许,应在充足的时间内并在适当考虑到良好航海技术的情况下采取积极的行动。

2. 为避免碰撞而做的航向和(或)航速的任何变动,如当时环境许可,应明显到足以使他船通过视觉或雷达观测察觉到;应避免对航向和(或)航速做连续的小变动。

3. 如有足够大的水域,则单用转向可能是避免紧迫局面的最有效行动,只要这种行动是及时的、大幅度的,并且不致造成另一紧迫局面的。

4. 为避免与他船碰撞而采取的行动,应能在安全的距离驶过。应仔细核实避让行动的有效性,直到最后驶过让清他船为止。

5. 如需为避免碰撞或留有更多时间来估计局面,船舶应当减速或者停止或倒转推进器把船停住。

6. (1)根据本规则任何规定,要求不得妨碍另一船通过或安全通过的船舶应根据当时环境的需要及早地采取行动以留出足够的水域供他船安全通过。

(2)如果在接近其他船舶致有碰撞风险时,被要求不得妨碍另一船通过或安全通过的船舶并不解除这一责任,且当采取行动时,应充分考虑到本章条款可能要求的行动。

(3)当两船相互接近致有碰撞风险时,其通过不得被妨碍的船舶仍有完全遵守本章各条规定的责任,以避免碰撞风险。

# 内　陆

## 驾驶和航行规则

### 规则 8　避免碰撞的行动

**§ 83.08**

1. 为避免碰撞而采取的任何措施均应按照本部分的规则（规则 4—19）（§83.04—83.19）进行,如果情况允许,应在充足的时间内并在适当考虑到良好航海技术的情况下采取积极的行动。

2. 为避免碰撞而做的航向和（或）航速的任何变动,如当时环境许可,应明显到足以使他船通过视觉或雷达观测察觉到;应避免对航向和（或）航速做连续的小变动。

3. 如有足够大的水域,则单用转向可能是避免紧迫局面的最有效行动,只要这种行动是及时的、大幅度的,并且不致造成另一紧迫局面的。

4. 为避免与他船碰撞而采取的行动,应能在安全的距离驶过。应仔细核实避让行动的有效性,直到最后驶过让清他船为止。

5. 如需为避免碰撞或留有更多时间来估计局面,船舶应当减速或者停止或倒转推进器把船停住。

6. （1）根据本规则任何规定,要求不得妨碍另一船通过或安全通过的船舶应根据当时环境的需要及早地采取行动以留出足够的水域供他船安全通过。

（2）如果在接近其他船舶致有碰撞风险时,被要求不得妨碍另一船通过或安全通过的船舶并不解除这一责任,且当采取行动时,应充分考虑到本章 B 部分规则（规则 4—19）可能要求的行动。

（3）当两船相互接近致有碰撞风险时,其通过不得被妨碍的船舶仍有完全遵守本章 B 部分（规则 4—19）规定的责任,以避免碰撞风险。

# 国　　际

## 驾驶和航行规则

### 规则 9　狭窄水道

1. 沿狭窄水道或航道航行的船舶,须在安全和切实可行的范围内,尽量靠近其右舷的水道或航道的外缘行驶。

2. 帆船或者长度小于 20 m 的船舶,不应妨碍只能在狭窄水道或航道以内安全航行船舶通行。

3. 从事捕鱼的船舶,不应妨碍任何其他在狭窄水道或航道以内航行的船舶通行。

4. 船舶不应穿越狭窄水道或航道,如果这种穿越会妨碍只能在这种水道或航道以内安全航行的船舶通行。当后者对穿越船的意图有怀疑时,可以使用第 34 条 4 款规定的声号。

5. (1) 在狭窄水道或航道内,如只有在被追越船必须采取行动以允许安全通过才能追越,则企图追越的船,应鸣放规则 34,3 款(1)项所规定的相应声号,以表示其意图。被追越船如果同意,应鸣放规则 34,3 款(2)项所规定的相应声号,并采取使之能安全通过的措施。如有怀疑,则可以鸣放规则 34,4 款所规定的声号。

(2) 本条并不解除追越船根据规则 13 所负的义务。

6. 船舶在驶近可能有其他船舶被居间障碍物遮蔽的狭水道或航道的弯头或地段时,应特别机警和谨慎地驾驶,并应鸣放规则 34,5 款规定的相应声号。

7. 任何船舶,如当时环境许可,都应避免在狭窄水道内锚泊。

# 内　陆

## 驾驶和航行规则

### 规则 9　狭窄水道

**§ 83.09**

1.（1）沿狭窄水道或航道航行的船舶,须在安全和切实可行的范围内,尽量靠近其右舷的水道或航道的外缘行驶。

（2）尽管有本规则1（1）和规则14（1）（§83.14（a））的规定,在五大湖、西部河流或海岸警卫队部门助理指定水域的狭窄水道或航道上运行的机动船舶①,并以顺流向下行驶的,应有优先权通过上游船舶,应提出通行方式和地点,并应酌情启动规则34.1（1）（§83.34（a）（i））规定的操纵信号。逆流向上航行的船舶应在必要时保持静止,以允许他船安全通过。

2.帆船或者长度小于20 m的船舶,不应妨碍只能在狭窄水道或航道以内安全航行船舶通行。

3.从事捕鱼的船舶,不应妨碍任何其他在狭窄水道或航道以内航行的船舶通行。

4.船舶不应穿越狭窄水道或航道,如果这种穿越会妨碍只能在这种水道或航道以内安全航行的船舶通行,后者若对穿越船的意图有怀疑时,可以使用规则34,4 款规定的声号。

5.（1）在狭窄水道或航道内,打算追越另一艘船舶的机动船舶应通过鸣放规则34,3 款（§83.34（c））所规定的相应信号,以表明其意图,并采取措施允许安全追越。被追越的机动船舶,如果同意,应发出相同的声号,如果特别同意,可采取措施允许安全通过。如有疑问,则应鸣放规则34,4 款（§83.34（d））所规定的危险信号。

（2）本条并不解除追越船根据规则13（§83.13）所负的义务。

6.船舶在驶近可能有其他船舶被居间障碍物遮蔽的狭窄水道或航道的弯头或地段时,应特别机警和谨慎地驾驶,并应鸣放规则34,5 款（§83.34（e））规定的相应声号。

7.任何船舶,如当时环境许可,都应避免在狭窄水道内锚泊。

_____

①　参见本手册提供的 33 CFR 89.25。

# 国　　际

## 驾驶和航行规则

### 规则 10　分道通航制

1. 本规则适用于本组织采纳的分道通航制,但并不解除任何船舶遵守任何其他各条规定的责任。

2. 采用分道通航制区域的船舶应:

(1)在相应的通航分道内沿着该分道的船舶总流向行驶;

(2)尽可能让开通航分隔线或分隔带;

(3)通常在通航分道的端部驶进或驶出,但从分道的任何一侧驶进或驶出时,应与分道的船舶总流向形成尽可能小的角度。

3. 船舶应尽可能避免穿越通航分道,但如不得不穿越时,应尽可能用与分道的船舶总流向成直角的船首向穿越。

4. (1)当船舶可安全使用邻近分道通航制区域中相应通航分道时,不应使用沿岸通航带。但长度小于 20 m 的船舶、帆船和从事捕鱼的船舶可使用沿岸通航带。

(2)尽管有本条 4(1)规定,但是当船舶抵离位于沿岸通航带中的港口、近岸设施或建筑物、引航站或任何其他地方或为避免紧迫危险时,可使用沿岸通航带。

5. 除穿越船或者驶进或驶出通航分道的船舶外,船舶通常不应进入分隔带或穿越分隔线,除非:

(1)在紧急情况下避免紧迫危险;

(2)在分隔带内从事捕鱼活动。

6. 船舶在分道通航制区域端部附近行驶时,应特别谨慎。

7. 船舶应尽可能避免在分道通航制区域内或其端部附近锚泊。

8. 不使用分道通航制区域的船舶,应尽可能远离该区。

9. 从事捕鱼活动的船舶,不应妨碍按通航分道行驶的任何船舶的通行。

10. 帆船或长度小于 20 m 的船舶,不应妨碍按通航分道行驶的机动船的安全通行。

# 内　陆

## 驾驶和航行规则

### 规则 10　分道通航制

**§ 83.10**

1.本规则适用于分道通航制,但并不解除任何船舶遵守 E[①] 部分任何其他各条规定的责任。

2.采用分道通航制区域的船舶应:

(1)在相应的通航分道内沿着该分道的船舶总流向行驶;

(2)尽可能让开通航分隔线或分隔带;

(3)通常在通航分道的端部驶进或驶出,但从分道的任何一侧驶进或驶出时,应与分道的船舶总流向形成尽可能小的角度。

3.船舶应尽可能避免穿越通航分道,但如不得不穿越时,应尽可能用与分道的船舶总流向成直角的船首向穿越。

4.(1)当船舶可安全使用邻近分道通航制区域中相应通航分道时,不应使用沿岸通航带。但长度小于 20 m 的船舶、帆船和从事捕鱼的船舶可使用沿岸通航带。

(2)尽管有本条 4(1)规定,但是当船舶抵离位于沿岸通航带中的港口、近岸设施或建筑物、引航站或任何其他地方或为避免紧迫危险时,可使用沿岸通航带。

5.除穿越船或者驶进或驶出通航分道的船舶外,船舶通常不应进入分隔带或穿越分隔线,除非:

(1)在紧急情况下避免紧迫危险;

(2)在分隔带内从事捕鱼活动。

6.船舶在分道通航制区域端部附近行驶时,应特别谨慎。

7.船舶应尽可能避免在分道通航制区域内或其端部附近锚泊。

8.不使用分道通航制区域的船舶,应尽可能远离该区。

9.从事捕鱼活动的船舶,不应妨碍按通航分道行驶的任何船舶的通行。

10.帆船或长度小于 20 m 的船舶,不应妨碍按通航分道行驶的机动船的安全通行。

---

① 　美国《联邦法规》第 33 篇第 83—90 节。

# 国　　际

## 驾驶和航行规则

### 规则 10-续

11.操纵能力受到限制的船舶,当在分道通航制区域内从事维护航行安全的作业时,在执行该作业所必需的限度内,免受本条规定的约束。

12.操纵能力受到限制的船舶,当在分道通航制区域内从事敷设、维修或起捞海底电缆作业时,在执行该作业所必需的限度内,免受本条规定的约束。

## 第二节　船舶在互见中的行动规则

### 规则 11　适用范围

本节中的条款适用于互见中的船舶。

### 规则 12　帆船

1.两艘帆船相互驶近致有构成碰撞危险时,其中一船应按下列规定给另一船让路:

(1)当两船在不同舷受风时,左舷受风的船应给另一船让路;

(2)当两船在同舷受风时,上风船应给下风船让路;

(3)如左舷受风的船看到在上风的船而不能判断究竟该船是左舷受风还是右舷受风,则应给该船让路。

2.就本条规定而言,船舶的受风舷侧应认为是主帆被吹向的舷的对面舷侧;对于方帆船,则应认为是最大纵帆被吹向舷的对面舷侧。

# 内　　陆

## 驾驶和航行规则

### 规则 10-续

11. 操纵能力受到限制的船舶,当在分道通航制区域内从事维护航行安全的作业时,在执行该作业所必需的限度内,免受本条规定的约束。

12. 操纵能力受到限制的船舶,当在分道通航制区域内从事敷设、维修或起捞海底电缆作业时,在执行该作业所必需的限度内,免受本条规定的约束。

## 船舶在互见中的行动规则

### 规则 11　适用范围

**§ 83.11**

规则 11—18( § 83.11—83.18)适用于互见中的船舶。

### 规则 12　帆船

**§ 83.12**

1. 两艘帆船相互驶近致有构成碰撞危险时,其中一船应按下列规定给另一船让路:

(1)当两船在不同舷受风时,左舷受风的船应给另一船让路;

(2)当两船在同舷受风时,上风船应给下风船让路;

(3)如左舷受风的船看到在上风的船而不能判断究竟该船是左舷受风还是右舷受风,则应给该船让路。

2. 就本条规定而言,船舶的受风舷侧应认为是主帆被吹向的舷的对面舷侧;对于方帆船,则应认为是最大纵帆被吹向舷的对面舷侧。

# 国　　　际

## 驾驶和航行规则

### 规则 13　追越

1.不论 B 部分第 1 节和第 2 节的各条规定如何,任何船舶在追越他船时,均应给被追越船让路。

2.当一艘船正从他船正横后大于 22.5°的某一方向赶上他船时,即该船对其所追越的船所处的位置,在夜间只能看见被追越船的尾灯而不能看见它的任一舷灯时,应认为是在追越中。

3.当一艘船对其是否在追越他船有任何怀疑时,该船应假定正在追越,并据此采取行动。

4.随后两船间方位的任何改变,都不应把追越船作为本规则条款含义中所指的交叉相遇船,或者免除其避让被追越船的责任,直到最后驶过让清为止。

### 规则 14　对遇局面

1.当两艘机动船在相反的或接近相反的航向上相遇致有构成碰撞危险时,各应向右转向,从而从他船的左舷驶过。

2.当一船看见他船在正前方或接近正前方,并且在夜间能看见他船的前后桅灯成一直线或接近直线和(或)两盏舷灯;在白天能看到他船的上述相应形态时,则应认为存在这样的局面。

3.当一船对是否存在这样的局面有任何怀疑时,该船应假定确实存在这种局面,并应采取相应行动。

# 内　　陆

## 驾驶和航行规则

### 规则 13　追越

**§ 83.13**

1. 尽管《规则》第4—18条(《规则》第83.04—83.18条)有规定,任何试图追越他船的船舶均应避让被超越的船。

2. 当一艘船舶从他船正横后方大于22.5度的某一方向赶上他船时,即该船对其所追越的船所处的位置,在夜间只能看见被追越船的尾灯而不能看见它的任一舷灯时,应认为是在追越中。

3. 当一艘船对其是否正在追越他船有任何疑问时,该船应假定正在追越,并据此采取行动。

4. 随后两船间方位的任何改变,都不应把追越船作为本规则条款含义中所指的交叉相遇船,或者免除其避让被追越船的责任,直到最后驶过让清为止。

### 规则 14　对遇局面

**§ 83.14**

1. 除非另有约定,当两艘机动船在相反的或接近相反的航向上相遇致有构成碰撞危险时,各应向右转向,从而从他船的左舷驶过。

2. 当一船看见他船在正前方或接近正前方,并且在夜间能看见他船的前后桅灯成一直线或接近直线和(或)两盏舷灯;在白天能看到他船的上述相应形态时,则应认为存在这样的局面。

3. 当一船对是否存在这样的局面有任何怀疑时,该船应假定确实存在这种局面,并应采取相应行动。

4. 尽管有本条第1款的规定,但是在五大湖地区、西部河流或部长指定的水域[①]作业并以顺流向下行驶的机动船舶应拥有优先于上行船舶的通行权,下行船应提出通行方式,并应酌情启动规则34(a)(i)(§83.34(a)(i))规定的机动信号。

---

① 参见本手册 33 CFR 89.25 提供的参考文献。

# 国　　际

## 驾驶和航行规则

### 规则 15　交叉对遇局面

当两艘机动船交叉相遇致有构成碰撞危险时,有他船在本船右舷的船舶应给他船让路,如当时环境许可,还应避免横越他船的前方。

### 规则 16　让路船的行动

须给他船让路的船舶,应尽可能早地采取大幅度的行动,确保航道通畅,宽裕地让清他船。

### 规则 17　直航船的行动

1.(1)如两艘船中的一艘船须给另一艘船让路,另一艘船须保持其航向及航速。

(2)然而,当保持航向与航速的船一经发觉规定的让路船显然没有遵照本规则条款采取适当的行动时,该船即可独自采取操纵行动,以避免碰撞发生。

2.当按规定保持其航向和航速的船只,发觉不论由于何种原因逼近到单凭让路船舶的行动无法避免碰撞时,该船舶亦应采取最有助于避免碰撞的行动。

3.在交叉相遇的情况下,机动船只根据本条规则 1 款(2)项采取行动以避免与另一艘机动船舶碰撞时,如当时环境许可,不得对在本船左舷的船舶采取向左转向。

4.这条规则并不解除让路船舶的让路义务。

31

# 内　陆

## 驾驶和航行规则

### 规则 15　交叉对遇局面

**§ 83.15**

1. 当两艘机动船交叉相遇致有构成碰撞危险时,有他船在本船右舷的船舶应给他船让路,如当时环境许可,还应避免横越他船的前方。

2. 尽管有本规则 1 款的规定,但是在大湖区、西部河流或部长指定的水域①,横渡河流的机动船舶应避开沿河流上行或下行的机动船舶。

### 规则 16　让路船的行动

**§ 83.16**

须给他船让路的船舶,尽可能早地采取大幅度的行动,保持航道通畅,宽裕地让清他船。

### 规则 17　直航船的行动

**§ 83.17**

1.(1)如两艘船中的一艘船须给另一艘船让路,另一艘船须保持其航向及航速。

(2)然而,当保持航向与航速的船一经发觉规定的让路船显然没有遵照本规则条款采取适当的行动时,该船即可独自采取操纵行动,以避免碰撞发生。

2. 当按规定保持其航向和航速的船只,发觉不论由于何种原因逼近到单凭让路船舶的行动无法避免碰撞时,该船舶亦应采取最有助于避免碰撞的行动。

3. 在交叉相遇的情况下,机动船只根据本条 1 款(2)项采取行动以避免与另一艘机动船舶碰撞时,如当时环境许可,不得对在本船左舷航行的船舶采取向左转向。

4. 这条规则并不解除让路船舶的让路义务。

---

① 　参见本手册 33 CFR 89.25 提供的参考文献。

# 国　　际

## 驾驶和航行规则

### 规则 18　船舶之间的责任

除非第 9、10 和 13 条另有规定外:

1. 机动船只在航时应该给下述船舶让路:

(1)失去控制的船舶;

(2)操纵能力受限制的船舶;

(3)从事捕鱼的船舶;

(4)帆船。

2. 帆船在航时应给下述船舶让路:

(1)失去控制的船舶;

(2)操纵能力受限制的船舶;

(3)从事捕鱼的船舶。

3. 从事捕鱼的船舶在航时应尽可能给下述船舶让路:

(1)失去控制的船舶;

(2)操纵能力受限制的船舶。

4. (1)除了失去控制的船舶或操纵能力受到限制的船舶外,任何船舶,如当时环境许可,应避免妨碍显示规则 28 的限于吃水的船舶的安全通行。

(2)限于吃水的船舶应全面考虑其特殊条件,特别谨慎驾驶。

5. 在水面的水上飞机,通常应宽裕地让清所有船舶并避免妨碍其航行。然而在有碰撞危险的情况下,则应遵守本章条款的规定。

6. (1)地效飞行器(WIG)在贴近水面起飞、降落和飞行时应宽裕地让清所有其他船舶并避免妨碍它们的航行;

(2)在水面上操作的地效飞行器应视为机动船舶遵守本部分各规则条款。

# 内　　陆

## 驾驶和航行规则

### 规则 18　船舶之间的责任

**§ 83.18**

除非规则 9、10 和 13(§ 83.09、83.10 和 83.13)另有规定外:

1.机动船只在航时应该给下述船舶让路:

(1)失去控制的船舶;

(2)操纵能力受限制的船舶;

(3)从事捕鱼的船舶;

(4)帆船。

2.帆船在航时应给下述船舶让路:

(1)失去控制的船舶;

(2)操纵能力受限制的船舶;

(3)从事捕鱼的船舶。

3.从事捕鱼的船舶在航时应尽可能给下述船舶让路:

(1)失去控制的船舶;

(2)操纵能力受限制的船舶。

4.[保留]。

5.在水面的水上飞机,通常应宽裕地让清所有船舶并避免妨碍其航行。然而在有碰撞危险的情况下,则应遵守本部分的规则(规则 4—19)(§ 83.04—83.19)。

6.(1)地效飞行器(WIG)在贴近水面起飞、降落和飞行时应宽裕地让清所有其他船舶并避免妨碍它们的航行;

(2)在水面上操作的地效飞行器应视为机动船舶遵守本部分的规则(规则 4—19)(§ 83.04—83.19)。

# 国　　际

## 驾驶和航行规则
## 第三节　船舶在能见度不良时的行动规则

### 规则 19　船舶在能见度不良时的行动规则

1. 本规则适用于在能见度不良的水域中或在其附近航行时不在互见中的船舶。

2. 每艘船舶均应以适应能见度不良的环境和情况的安全航速行驶,机动船舶应将机器做好随时操纵的准备。

3. 在遵守本部分第 1 节的规则时,每艘船应充分考虑当时能见度不良的环境和情况。

4. 一船仅凭雷达探测到他船时,应判定是否正在形成紧迫局面和(或)存在碰撞风险。如果存在碰撞风险,该船应及早采取避让行动,如果此类行动包括转向,则应尽可能避免以下情况:

(1)除了对被追越的船舶外,对正横前的船舶采取向左转向;

(2)对正横或正横后的船舶采取朝向它转向。

5. 除已断定不存在碰撞危险外,每一船当听到他船的雾号显示似在本船正横以前,或者与正横以前的他船不能避免紧迫局面时,应将航速减到能维持其航向的最小速度。必要时,应把船完全停住,而且无论如何,应极其谨慎地驾驶,直到碰撞危险过去为止。

# 内　　陆

## 驾驶与航行规则
## 船舶在能见度不良时的行动规则

### 规则 19　船舶在能见度不良时的行动规则

**§ 83.19**

1. 本规则适用于在能见度不良的水域中或在其附近航行时不在互见中的船舶。

2. 每艘船舶均应以适应能见度不良的环境和情况的安全航速行驶,机动船舶应将机器做好随时操纵的准备。

3. 在遵守本规则4—10条(§83.04—83.10)时,应充分考虑每艘船舶当时能见度不良的环境和情况。

4. 一船仅凭雷达探测到他船时,应判定是否正在形成紧迫局面和(或)存在碰撞风险。如果存在碰撞风险,该船应及早采取避让行动,如果此类行动包括转向,则应尽可能避免以下情况:

(1)除了对被追越的船只外,对正横前的船舶采取向左转向;

(2)对正横或正横后的船舶采取朝向它转向。

5. 除已断定不存在碰撞风险外,每一船当听到他船的雾号显示似在本船正横以前,或者与正横以前的他船不能避免紧迫局面时,应将航速减到能维持其航向的最小速度。必要时,应将船完全停住,而且无论如何,应极其谨慎地驾驶,直到碰撞危险过去为止。

# 国际和内陆航行规则 C 部分
# 国　　　际

## 号灯和号型

### 规则 20　适用范围

1. 在任何天气条件下均应遵守本部分的规则。

2. 有关号灯的各条规定,从日没到日出时都应遵守。在此时间内不应显示其他的灯光,但那些不会被误认为本规则规定的号灯或者不会妨碍正规瞭望的灯光除外。

3. 本规则所规定的号灯,如已设置,也应从日出到日没在能见度不良的情况下显示,并可在一切其他认为必要的情况下显示。

4. 有关号型的各条规定,在白天都应遵守。

5. 本规则各条订明的号灯和号型,应符合本规则附录 A 的规定。

37

# 国际和内际航行规则 C 部分
# 内　　陆

## 号灯和号型

### 规则 20　适用范围

**§ 83.20**

1.在任何天气条件下均应遵守本部分的规则(规则 20—31)(§83.20—83.31)。

2.有关号灯的各条规定(§83.20—83.31),从日没到日出时都应遵守。在此时间内不应显示其他的灯光,但那些不会被误认为本规则各条规定的号灯或者不会妨碍正规瞭望的灯光除外。

3.本规则各条所规定的号灯,如已设置,也应从日出到日没在能见度不良的情况下显示,并可在一切其他认为必要的情况下显示。

4.有关号型的各条规定,在白天都应遵守。

5.本规则各条订明的号灯和号型,应符合本规则附录 A(33 CFR84)的规定。

6.如有必要,可降低船舶的航行号灯与号型,以便通过桥梁。

# 国　　际

## 号灯和号型

### 规则 21　定义

1. "桅灯"是指安置在船首尾中心线上方的白灯,在 225°的水平弧内显示不间断的灯光,其装置要使灯光从船的正前方到每一舷正横后 22.5°内显示。

2. "舷灯"是指右舷的绿灯和左舷的红灯,各在 112.5°的水平弧内显示不间断的灯光,其装置要使灯光从船的正前方到各自一舷的正横后 22.5°内分别显示。长度小于 20 m 的船舶,其舷灯可以合并成一盏,装置于船的首尾中心线上。

3. "尾灯"是指安置在尽可能接近船尾的白灯,在 135°的水平弧内显示不间断的灯光,其装置要使灯光从船的正后方到每一舷 67.5°内显示。

4. "拖带灯"是指具有与本规则 3 款所述"尾灯"具有相同特性的黄灯。

5. "环照灯"是指在 360°的水平弧内显示不间断光的号灯。

6. "闪光灯"是指每隔一定时间以频率为 120 次/min 或大于 120 次/min 闪光的号灯。

# 内　陆

## 号灯和号型

### 规则 21　定义

**§ 83.21**

1. "桅灯"是指安置在船首尾中心线上方的白灯,在225°的水平弧内显示不间断的灯光,其装置要使灯光从船的正前方到每一舷正横后22.5°内显示。在长度小于12 m的船舶上,桅灯应尽可能靠近船舶的前后中心线。

2. "舷灯"是指右舷的绿灯和左舷的红灯,各在112.5°的水平弧内显示不间断的灯光,其装置要使灯光从船的正前方到各自一舷的正横后22.5°内分别显示。长度小于20 m的船舶,其舷灯可以合并成一盏,装置于船的首尾中心线上。但在长度小于12 m的船舶中,侧灯组合在一个灯具时应尽可能靠近船舶前后中心线。

3. "尾灯"是指安置在尽可能接近船尾的白灯,在135°的水平弧内显示不间断的灯光,其装置要使灯光从船的正后方到每一舷67.5°内显示。

4. "拖带灯"是指具有与本条规则3款所述"尾灯"具有相同特性的黄灯。

5. "环照灯"是指在360°的水平弧内显示不间断光的号灯。

6. "闪光灯"是指每隔一定时间以频率为120次/min或大于120次/min闪光的号灯。

7. "特殊频闪灯"是指每隔一定时间以频率为50~70次/min闪光的黄灯,应尽可能远地装置在船舶的前后中心线上,并在不小于180°且不大于225°的地平线弧线上显示不间断的光线,固定方式应确保从正前方到正横向,在船舶两侧的光束后方不超过22.5°。

# 国　　际

## 号灯和号型

### 规则 22　号灯的能见距离

本规则各条规定的号灯,应具有本规则附录 A 第 8 节订明的发光强度,以便在下列最小距离内可见:

1. 长度为 50 m 或 50 m 以上的船舶:

(1)桅灯,6 n mile;

(2)舷灯,3 n mile;

(3)尾灯,3 n mile;

(4)拖带灯,3 n mile;

(5)白色、红色、绿色或黄色环照灯,3 n mile。

2. 长度为 12 m 或 12 m 以上,但小于 50 m 的船舶:

(1)桅灯,5 n mile;但船舶长度小于 20 m 的,为 3 n mile;

(2)舷灯,2 n mile;

(3)尾灯,2 n mile;

(4)拖带灯,2 n mile;

(5)白色、红色、绿色或黄色环照灯,2 n mile。

3. 长度小于 12 m 的船舶:

(1)桅灯,2 n mile;

(2)舷灯,1 n mile;

(3)尾灯,2 n mile;

(4)拖带灯,2 n mile;

(5)白色、红色、绿色或黄色环照灯,2 n mile。

4. 在被拖曳的不显眼、部分浸没的船舶或物体上:

白色环照灯,3 n mile。

# 内　　陆

## 号灯和号型

### 规则 22　号灯的能见距离

**§ 83.22**

本规则(子部分 C)中规定的的号灯,应具有本规则附录 A(33 CFR84)订明的发光强度,以便在下列最小距离内可见:

1. 长度为 50 m 或 50 m 以上的船舶:
(1)桅灯,6 n mile;
(2)舷灯,3 n mile;
(3)尾灯,3 n mile;
(4)拖带灯,3 n mile;
(5)白色、红色、绿色或黄色环照灯,3 n mile;
(6)特殊闪光灯,2 n mile。

2. 长度为 12 m 或 12 m 以上,但小于 50 m 的船舶:
(1)桅灯,5 n mile;但船舶长度小于 20 m 的,为 3 n mile;
(2)舷灯,2 n mile;
(3)尾灯,2 n mile;
(4)拖带灯,2 n mile;
(5)白色、红色、绿色或黄色环照灯,2 n mile;
(6)特殊闪光灯,2 n mile。

3. 长度小于 12 m 的船舶:
(1)桅灯,2 n mile;
(2)舷灯,1 n mile;
(3)尾灯,2 n mile;
(4)拖带灯,2 n mile;
(5)白色、红色、绿色或黄色环照灯,2 n mile;
(6)特殊闪光灯,2 n mile。

4. 在被拖曳的不显眼、部分浸没的船舶或物体上:
(1) 白色环照灯,3 n mile;
(2)[保留]。

# 国    际

## 号灯和号型

### 规则 23　航行中的机动船舶

1.航行中的机动船舶应显示:

(1)在前部一盏桅灯;

(2)第二盏桅灯,后于并高于前桅灯;长度小于 50 m 的船舶,不要求显示该桅灯,但可以这样做;

(3)两盏舷灯;

(4)一盏尾灯。

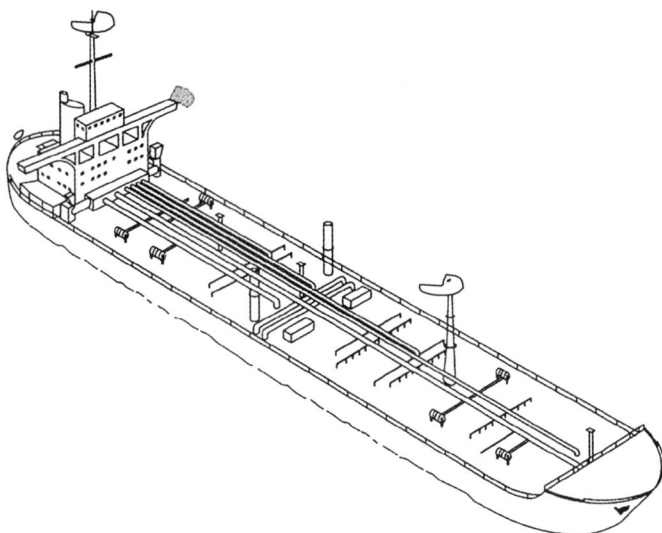

长度为 50 m 或更长的航行中的机动船,
同样适用于内陆

# 内 陆

## 号灯和号型

### 规则 23 航行中的机动船舶

**§ 83. 23**

1. 航行中的机动船舶应显示

(1)在前部一盏桅灯;

(2)第二盏桅灯,后于并高于前桅灯;长度小于 50 m 的船舶,不要求显示该桅灯,但可以这样做;

(3)两盏舷灯;

(4)一盏尾灯。

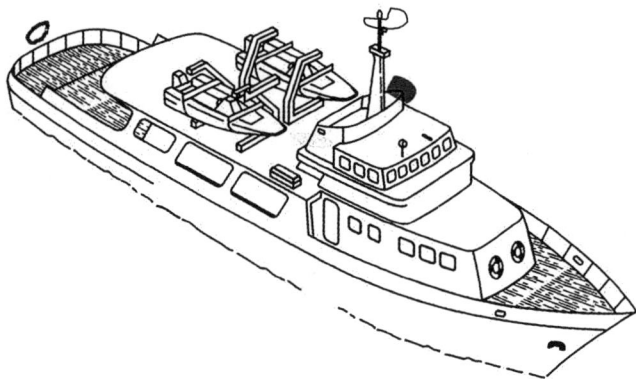

长度小于 50 m 的航行中的机动船,

同样适用于国际

# 国　　际

## 号灯和号型

### 规则 23−续

2.除本条规则 1 款规定的号灯外,气垫船在非排水状态下航行时,还应显示一盏环照黄色闪光灯。

3.除本条规则 1 款规定的号灯外,地效飞行器只有在起飞、着陆和贴近水面飞行时,才应显示高亮度的环照红色闪光灯。

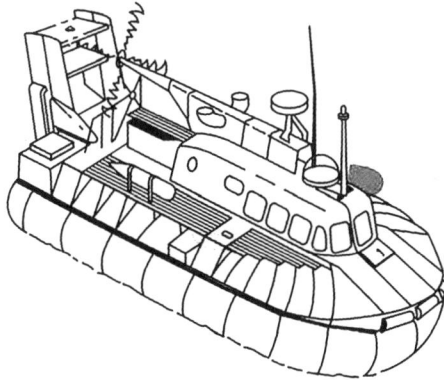

长度小于 **50 m** 的气垫船在非排水状态下航行,
同样适用于内陆

45

# 内　陆

## 号灯和号型

**规则 23-续**

2.除本条规则 1 款规定的号灯外,气垫船在非排水状态下航行时,还应显示一盏环照黄色闪光灯。

3.除本条规则 1 款规定的号灯外,地效飞行器只有在起飞、着陆和贴近水面飞行时,才应显示高亮度的环照红色闪光灯。

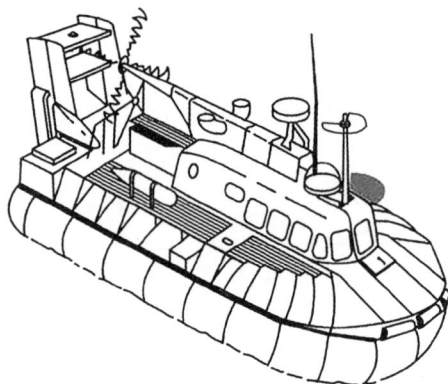

长度小于 **50 m** 的气垫船在排水状态下航行,
同样适用于国际

46

# 国　　际

## 号灯和号型

**规则 23-续**

4.(1)长度小于 12 m 的机动船可显示一盏环照白灯和舷灯,以代替本条规则 1 款规定的号灯。

(2)长度如小于 7 m 且其最高速度不超过 7 kn 的机动船,可以显示一盏环照白灯以代替本条规则 1 款规定的号灯。如可行,这种船还应显示舷灯,以代替本条规则 1 款规定的号灯。

(3)长度小于 12 m 的机动船舶上的桅灯或环照白灯,如果无法装设在船舶首尾中心线上,可从离开中心线显示,前提是其舷灯组合在一个灯具中,该灯具应安装在船舶的首尾中心线上方,或尽可能地装设在接近该桅灯或环照白灯所在的船舶首尾线处。

长度小于 **7 m**,且最大航速不超过 **7 kn** 的机动船,
只适用于国际

# 内　　陆

## 号灯和号型

**规则 23-续**

4. 长度小于 12 m 的机动船可显示一盏环照白灯和舷灯,以代替本条规则 1 款规定的号灯。

长度小于 **12 m** 的机动船,
同样适用于国际

# 国　　际

## 号灯和号型

［空白］。

# 内　陆

## 号灯和号型

**规则 23-续**

5. 在五大湖区作业的机动船舶可装置并显示一盏环照白灯,以代替本规则1 款中规定的第二盏桅灯和尾灯。环照灯应位于第二盏桅灯的位置,并应在相同的最小距离内可见。

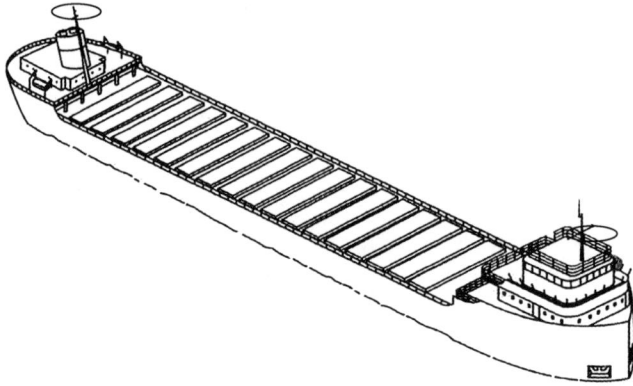

五大湖区的机动船

# 国　　际

## 号灯和号型

### 规则 24　拖带和推进

1. 机动船在拖带时应显示:

(1)在前部垂直两盏桅灯,以取代规则 1 款(1)项或 1 款(2)项规定的号灯。当从拖船船尾量到被拖物体后端的拖带长度超过 200 m 时,垂直显示三盏这样的号灯;

(2)两盏舷灯;

(3)一盏尾灯;

(4)一盏拖带灯垂直于尾灯上方;

(5) 当拖带长度超过 200 m 时,在最易见处显示一个菱形体号型。

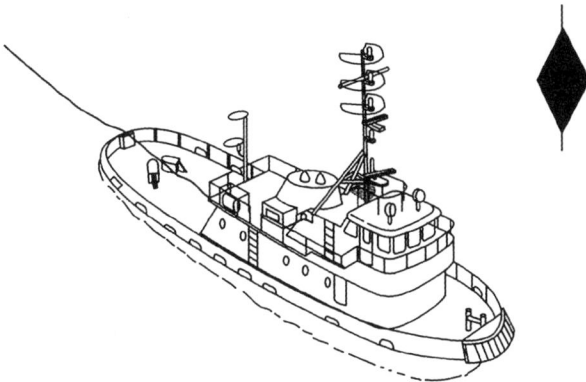

机动船拖带,拖船长度小于 50 m,拖带长度超过 200 m,
同样适用于内陆

51

# 内　陆

## 号灯和号型

### 规则 24　拖带和推进

**§ 83.24**

1.机动船舶在拖带时应显示:

(1)在前部垂直两盏桅灯,以取代规则 1 款(1)项或(2)项(§83.23 第 1 款(1)(2)项)规定的号灯。当从拖船船尾量到被拖物体后端的拖带长度超过 200 m 时,应垂直显示三盏这样的号灯;

(2)两盏舷灯;

(3)一盏尾灯;

(4)一盏拖带灯垂直于尾灯上方;

(5)当拖带长度超过 200 m 时,在最易见处显示一个菱形体号型。

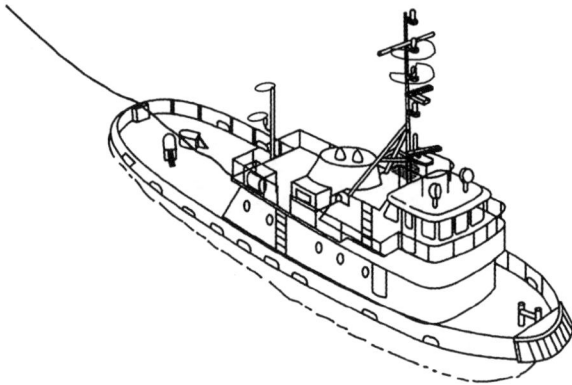

机动船拖带,拖船长度小于 **50 m**,拖带长度不超过 **200 m**,
同样适用于国际

52

# 国　　际

## 号灯和号型

### 规则 24-续

2. 当一顶推船和被顶推船牢固地连接成为一个组合体时,应将其视为一艘机动船,并应显示规则 23 中规定的号灯。

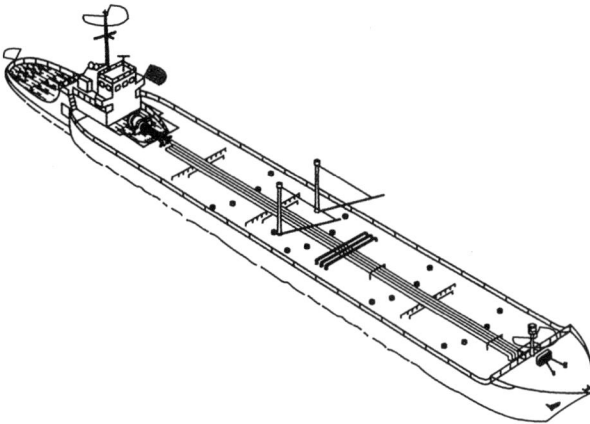

在航的顶推组合体,
同样适用于内陆

3. 机动船当顶推或旁拖时,除组合体外,应显示:

(1)垂直两盏桅灯,以取代规则 1 款(1)项或(2)项规定的号灯;

(2)两盏舷灯;

(3)一盏尾灯。

# 内　陆

## 号灯和号型

### 规则 24-续

2. 当一顶推船和被顶推船牢固地连接成为一个组合体时,应将其视为一艘机动船,并应显示规则 23( §83.23)中规定的号灯。

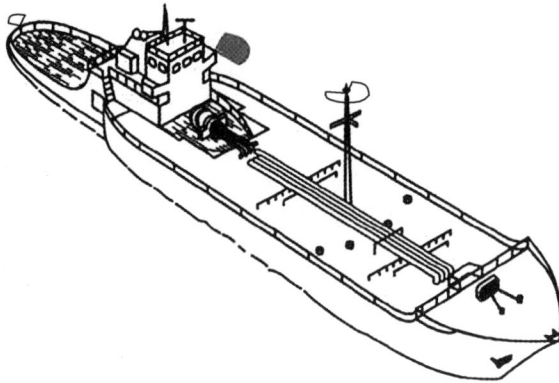

**在航的顶推组合体——长度小于 50 m,**
**同样适用于国际**

3. 除非本条规则 2 款和(1)项另有要求,机动船舶当顶推或旁拖时,除组合体外,应显示:

(1)垂直两盏桅灯,以取代规则 1 款(1)项或(2)项规定的号灯;

(2)两盏舷灯;

(3)两盏垂直排列的拖带灯。

# 国　　际

## 号灯和号型

**规则 24-续**

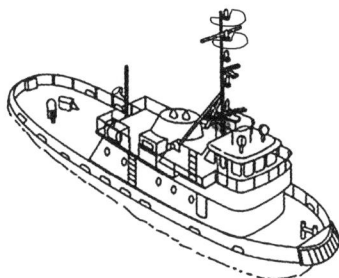

顶推或旁拖的机动船——拖船长度小于 **50 m,**
只适用于国际

4. 适用本条规则 1 或 3 款的机动船舶,还应遵守规则 1 款(2)项的规定。

5. 除本条规则 7 款所述外,一艘被拖带的船舶或被拖带物体应显示:

(1)两盏舷灯;

(2)一盏尾灯;

(3)当拖带长度超过 200 m 时,应在最易见处显示一个菱形体号型。

# 内 陆

## 号灯和号型

**规则 24-续**

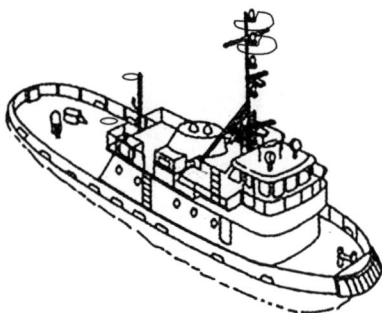

**顶推或旁拖的机动船——拖船长度小于 50 m，**
**只适用于内陆**

4.适用本条规则 1 或 3 款的机动船舶,还应遵守本条规则 1 款(1)项和(2)项的规定。

5.除本条规则 7 款所述外,一艘被拖带的船舶或被拖带物体应显示:

(1)两盏舷灯;

(2)一盏尾灯;

(3)当拖带长度超过 200 m 时,应在最易见处显示一个菱形体号型。

# 国　　际

## 号灯和号型

**规则 24-续**

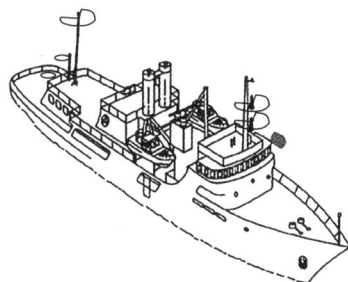

拖带的机动船——拖船长度小于等于 **200 m**，
对于长度小于 **50 m** 的船舶，后桅灯是可选项，
同样适用于内陆

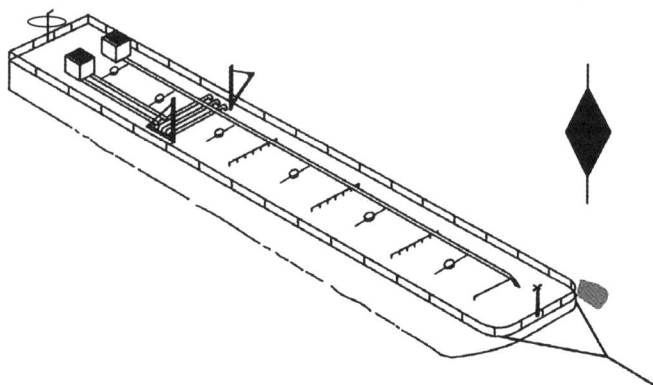

被拖带的船或物体——拖带长度超过 **200 m**，
同样适用于内陆

# 内　陆

## 号灯和号型

**规则 24—续**

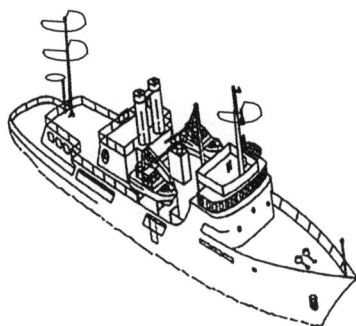

拖带的机动船,拖船长度不超过 **200 m**,
当在船尾显示用于拖带或顶推的桅灯时,同时需要一盏前桅灯,
同样适用于国际

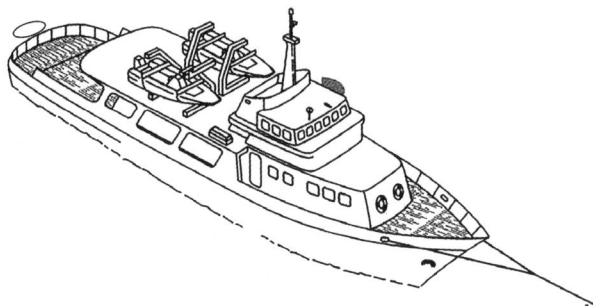

被拖带船——拖带长度不超过 **200 m**,
同样适用于国际

# 国　　际

## 号灯和号型

### 规则 24-续

6. 任何数量的船舶作为一组被旁拖或顶推时,应作为一艘船舶显示号灯:

(1)一艘被顶推的船舶,但不是组合体组成部分,应在前端显示两盏舷灯;

(2)一艘被旁拖的船舶应显示一盏尾灯,并在前端显示两盏舷灯。

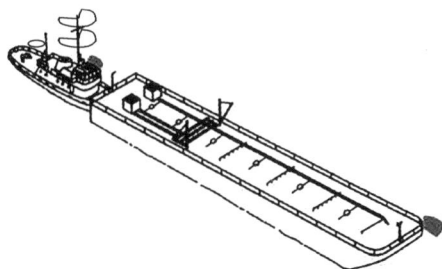

一艘被顶推的但不是组合体组成部分的船,
只适用于国际

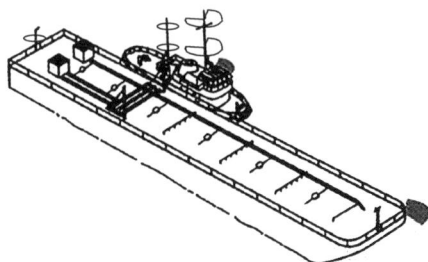

被旁拖的船,
只适用于国际

# 内　　陆

## 号灯和号型

**规则 24-续**

6.除非本条规则 6 款(3)项另有规定外,任何数量的船舶作为一组被旁拖或顶推时,应作为一艘船舶显示号灯:

(1)一艘被顶推的船舶,但不是组合体组成部分,应在前端显示两盏舷灯以及一盏特殊闪光灯;

(2)一艘被旁拖的船舶应显示一盏尾灯,并在前端显示两盏舷灯以及一盏特殊闪光灯;

(3)当船舶沿被拖带船两侧旁拖时,应在拖船两侧的舷外船的船尾各显示一盏尾灯,在切实可行的情况下,并在尽可能远的前方和舷外展示一组舷灯以及一盏特殊闪光灯。

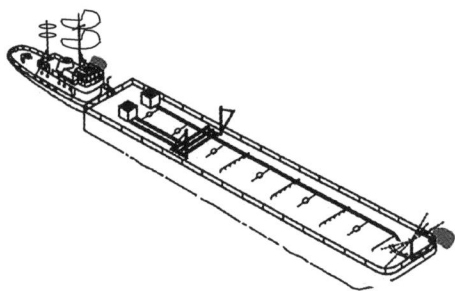

一艘被顶推,但不是组合体组成部分的船,
仅适用于内陆

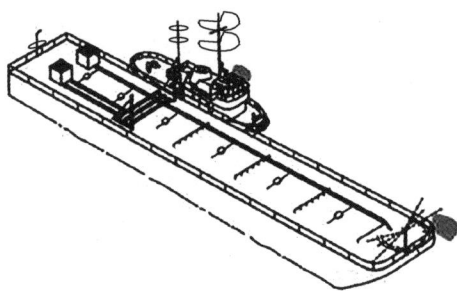

被旁拖的船,
只适用于内陆

# 国　　际

## 号灯和号型

**规则 24-续**

7. 不易被察觉的、部分浸没的被拖船舶或物体,或被拖曳的此类船舶或物体的组合,应显示:

(1)除弹性拖曳体不需要在前端或前端处显示环照白灯外,如果宽度小于 25 m,则在前后两端各显示一盏环照白灯;

(2)如果其宽度为 25 m 或 25 m 以上,则需在其两侧最宽处或接近最宽处额外加两盏环照白灯;

(3)如果其长度超过 100 m,则在(1)和(2)项中规定的号灯之间另加若干环照白灯,以使这些号灯之间的距离不超过 100 m;

(4)在最后一艘被拖曳的船舶或物体的末端处或接近末端处,显示一个菱形体号型,如果拖带长度超过 200 m,则在尽可能前部的最易见处,另加一个菱形体号型。

8. 凡由于任何充分的理由,被拖曳的船舶或物体无法显示本条规则 5 或 7 款中规定的号灯或号型时,应采取一切可能的措施使被拖曳的船只或物体上有灯光,或至少表明此类船舶或物体的存在。

61

# 内　　陆

## 号灯和号型

**规则 24-续**

7.不易被察觉的、部分浸没的被拖船舶或物体,或被拖曳的此类船舶或物体的组合,应显示:

(1)如果宽度小于 25 m,则在前后两端或附近各显示一盏环照白灯;

(2)如果宽度为 25 m 或 25 m 以上,则应显示四盏白光环照灯标记其长度和宽度;

(3)如果其长度超过100 m,则在本条规则7款(1)和(2)项中规定的号灯之间另加若干环照白灯,以使这些号灯之间的距离不超过 100 m:但相互旁拖的任何船只或物体应作为一艘船只或物体照明;

(4)在最后一艘被拖曳的船舶或物体的末端处或接近末端处,显示一个菱形体号型;

(5)拖船可将探照灯指向被拖物的方向,以向接近的船舶指示其存在。

8.凡由于任何充分的理由,被拖曳的船舶或物体无法显示本条规则 5 或 7 款中规定的号灯或号型时,应采取一切可能的措施使被拖曳的船只或物体上有灯光,或至少表明此类船舶或物体的存在。

# 国　　　际

## 号灯和号型

### 规则 24-续

9. 凡由于任何充分的理由,使得一艘通常不从事拖带作业的船舶无法显示本条规则 1 或 3 款规定的号灯,则该船舶在从事拖带另一艘遇险或其他需要救助的船舶时,不要求显示这些号灯,但应采取如规则准许的一切可能的措施,表明拖带船与被拖带船之间关系的性质,尤其应将拖缆照亮。

# 内　陆

## 号灯和号型

### 规则 24-续

9. 尽管有本条规则 3 款的规定,在西部河流(密西西比河河口上游 106.1 mi (1 mi≈1 609.34 m)处的休伊·长桥下方除外)①和海岸警卫队部门助理指定的水域,机动船舶在顶推或旁拖时,除非适用本条规则 2 款,否则应显示:

(1)两盏舷灯;

(2)垂直排列的两盏拖带灯。

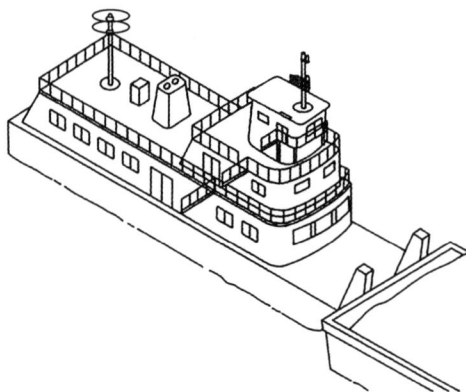

**一艘在西部河流上顶推的机动船**
**(在密西西比河 106.1 mi 处,正上方是休伊 P. 长桥)**

10. 凡由于任何充分的理由,使得一艘通常不从事拖带作业的船舶无法显示本条规则 1、3 或 9 款规定的号灯,则该船舶在从事拖带另一艘遇险或其他需要救助的船舶时,不要求显示这些号灯,但应采取一切可能的措施,表明拖带船与被拖带船之间关系的性质。可用规则 36(§83.36)授权的探照灯照亮拖船。

---

①　参见本手册 33 CFR 89.25。

# 国　　际

## 号灯和号型

### 规则 25　航行中的帆船和划桨船

1. 在航帆船应显示：

(1) 两盏舷灯；

(2) 一盏尾灯。

2. 在长度小于 20 m 的帆船上, 本条规则 1 款规定的号灯可以合并成一盏, 装设在桅顶或接近桅顶的最易见处。

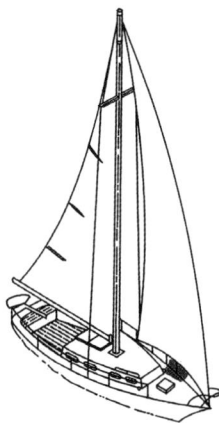

航行中的帆船,
同样适用于内陆

65

# 内　　陆

## 号灯和号型

### 规则 25　航行中的帆船和划桨船

**§ 83.25**

1. 在航帆船应显示：

(1) 两盏舷灯；

(2) 一盏尾灯。

2. 在长度小于 20 m 的帆船上，本条规则 1 款规定的号灯可以合并成一盏，装设在桅顶或接近桅顶的最易见处。

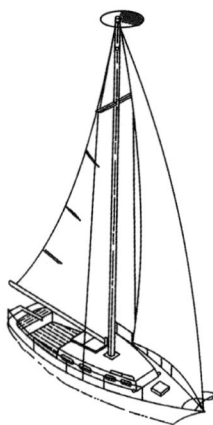

在航帆船——长度小于 20 m，
同样适用于国际

# 国　　　际

## 号灯和号型

**规则 25-续**

3.在航帆船,除本条规则 1 款规定的号灯外,还可在桅顶或接近桅顶的最易见处,垂直显示两盏环照灯,上红下绿。但这些环照灯不应和本条规则 2 款所允许的合色灯同时显示。

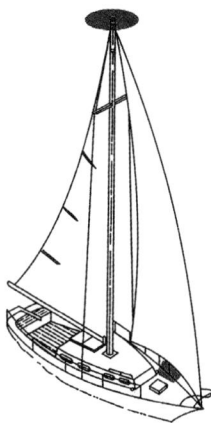

在航帆船,
同样适用于内陆

# 内　陆

## 号灯和号型

**规则 25-续**

3. 在航帆船,除本条规则 1 款规定的号灯外,还可在桅顶或接近桅顶的最易见处,垂直显示两盏环照灯,上红下绿。但这些环照灯不应和本条规则 2 款所允许的合色灯同时显示。

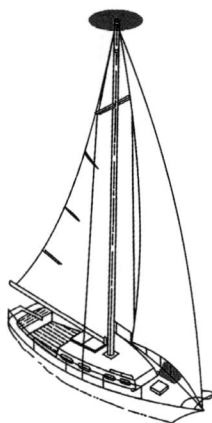

在航帆船,
同样适用于国际

# 国　　际

## 号灯和号型

**规则 25－续**

4.(1)长度小于 7 m 的帆船,如可行,应显示本条规则 1 或 2 款规定的号灯。但如果不这样做,则应在手边备妥一个白光手电筒或点亮的白灯一盏,及早显示,以防碰撞。

(2)划桨船可以显示本条规则为帆船规定的号灯,但如不这样做,则应在手边备妥一个白光手电筒或点亮的白灯一盏,及早显示,以防碰撞。

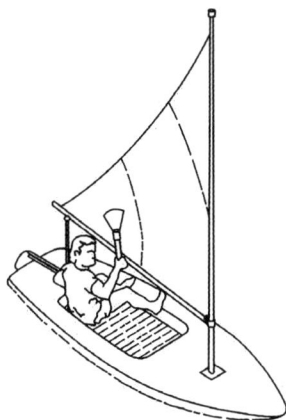

在航帆船——长度小于 **7 m**,
同样适用于内陆

# 内　陆

## 号灯和号型

### 规则 25-续

4.(1)长度小于 7 m 的帆船,如可行,应显示本条规则 1 或 2 款规定的号灯。但如果不这样做,则应在手边备妥一个白光手电筒或点亮的白灯一盏,及早显示,以防碰撞。

(2)划桨船可以显示本条规则为帆船规定的号灯,但如不这样做,则应在手边备妥一个白光手电筒或点亮的白灯一盏,及早显示,以防碰撞。

划桨船,
同样适用于国际

# 国　　　际

## 号灯和号型

**规则 25-续**

5. 用帆行驶, 同时也用机器推进的船舶, 应在前部最易见处显示一个圆锥体号型, 尖端向下。

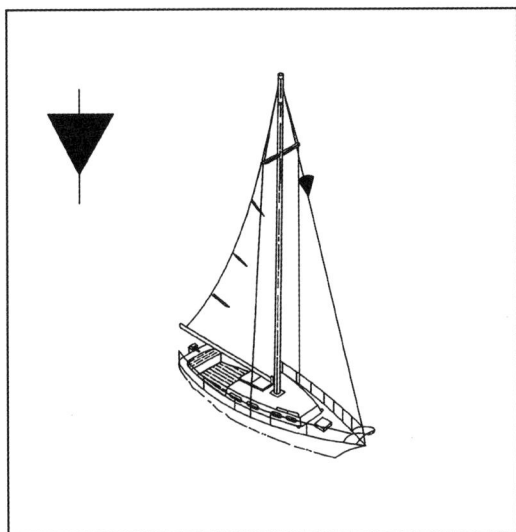

用帆行驶, 同时也用机器推进的船舶,
除了长度小于 **12 m** 的船舶外, 均需要展示日形,
同样适用于内陆

# 内　陆

## 号灯和号型

**规则 25-续**

5.用帆行驶,同时也用机器推进的船舶,应在前部最易见处显示一个圆锥体号型,尖端向下。

长度小于 12 m 的船不需要显示这种形状,但在实际中可以如此操作。

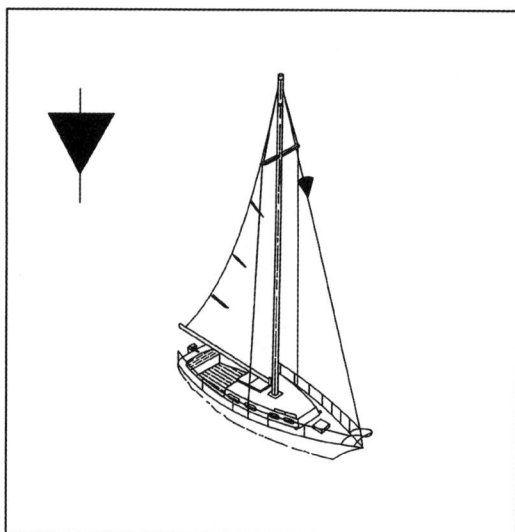

用帆行驶,同时也用机器推进的船舶,
除了长度小于 **12 m** 的船舶外,均需要展示日形,
同样适用于国际

# 国　　际

## 号灯和号型

### 规则 26　　渔船

1. 从事捕鱼的船舶,不论在航还是锚泊,只应显示本条规定的号灯和号型。

2. 从事拖网作业的船舶,即在水中拖曳爬网或其他用作渔具的装置,应显示:

(1)垂直两盏环照灯,上绿下白,或一个由上下垂直、尖端对接的两个圆锥体所组成的号型;

(2)一盏桅灯,后于并高于环照绿灯;长度小于 50 m 的船舶,不要求显示该桅灯,但可以如此操作;

(3)当对水移动时,除本款规定的号灯外,还应显示两盏舷灯和一盏尾灯。

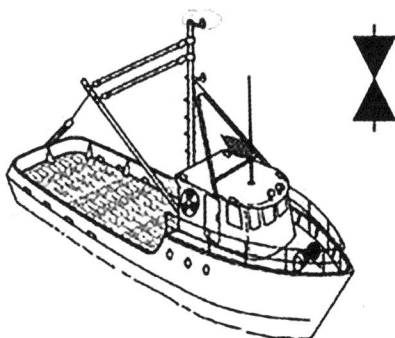

对水移动的从事拖网作业的船舶
——长度小于 50 m,
同样适用于内陆

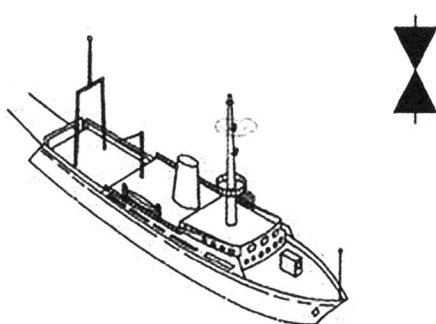

对水移动的从事拖网作业的船舶
——长度大于 50 m,
同样适用于内陆

# 内　陆

## 号灯和号型

### 规则 26　渔船

**§ 83.26**

1.从事捕鱼的船舶,不论在航还是锚泊,只应显示本条规定的号灯和号型。

2.从事拖网作业的船舶,即在水中拖曳爬网或其他用作渔具的装置,应显示:

(1)垂直两盏环照灯,上绿下白,或一个由上下垂直、尖端对接的两个圆锥体所组成的号型;

(2)一盏桅灯,后于并高于环照绿灯;长度小于 50 m 的船舶,不要求显示该桅灯,但可以如此操作;

(3)当对水移动时,除本款规定的号灯外,还应显示两盏舷灯和一盏尾灯。

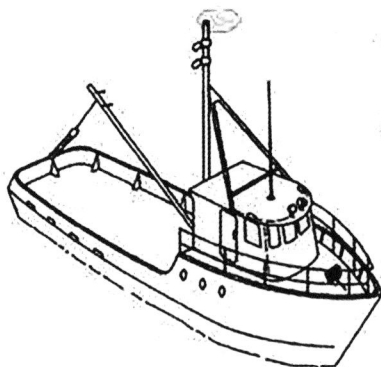

未对水移动的从事拖网作业的
船舶——长度小于 50 m,
同样适用于国际

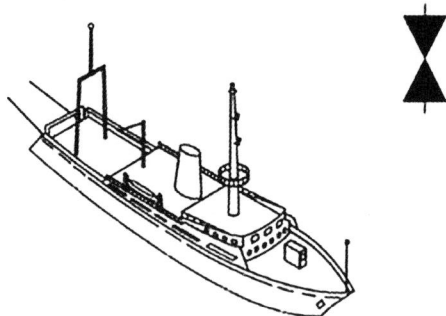

未对水移动的从事拖网作业的
船舶——长度大于 50 m,
同样适用于国际

# 国　　际

## 号灯和号型

**规则 26-续**

3. 从事捕鱼作业的船舶,除拖网作业者外,应显示:

(1) 垂直两盏环照灯,上红下白,或一个由上下垂直、尖端对接的两个圆锥体所组成的号型;

(2) 当有外伸渔具,其从船边伸出的水平距离大于 150 m 时,应朝着渔具的方向显示一盏环照白灯或一个尖端向上的圆锥体号型;

(3) 当对水移动时,除本款规定的号灯外,还应显示两盏舷灯和一盏尾灯。

4. 在邻近其他从事捕鱼船舶处,从事捕鱼的船舶可以显示本规定附录 B 所述的额外信号。

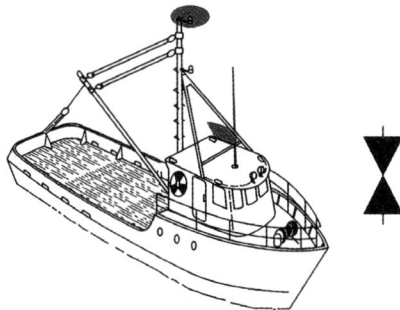

When there is outlying gear extending more than 150 meters horizontally from the vessel, an all-round white light or a cone apex upwards in the direction of the gear.

**除拖网捕鱼外从事捕鱼的船只——对水移动,**
**同样适用于内陆**

75

# 内　陆

## 号灯和号型

### 规则 26-续

3.从事捕鱼作业的船舶,除拖网作业者外,应显示:

(1)垂直两盏环照灯,上红下白,或一个由上下垂直、尖端对接的两个圆锥体所组成的号型;

(2)当有外伸渔具,其从船边伸出的水平距离大于 150 m 时,应朝着渔具的方向显示一盏环照白灯或一个尖端向上的圆锥体号型;

(3)当对水移动时,除本款规定的号灯外,还应显示两盏舷灯和一盏尾灯。

4.［保留］。

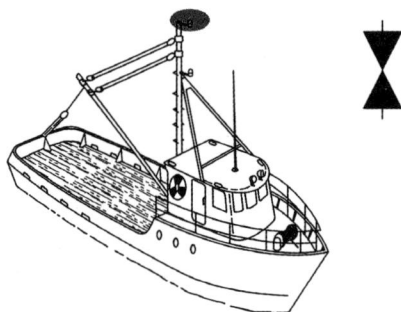

When there is outlying gear extending more than 150 meters horizontally from the vessel, an all-round white light or a cone apex upwards in the direction of the gear.

**除拖网捕鱼外从事捕鱼的船只——对水移动,**
**同样适用于国际**

# 国　　际

## 号灯和号型

### 规则 26-续

5.船舶在不从事捕捞活动时,不得显示本条规定的号灯或号型,只能显示与其长度相符的船舶所规定的号灯和号型。

# 内　　陆

## 号灯和号型

### 规则 26-续

5.船舶在不从事捕捞活动时,不得显示本条规定的号灯或号型,只能显示与其长度相符的船舶所规定的号灯与号型。

6.在相互临近处捕鱼渔船的附加信号:

(1)此处提及的号灯应放置在最清晰可见的位置。这些号灯的间距至少应为0.9 m,但要低于本规则中规定的号灯。这些号灯,应能在地平线周围至少 1 n mile的距离上可见,但应小于本规则为渔船规定的号灯的能见距离。

(2)拖网渔船的信号

①从事拖网捕捞的船舶,无论是使用底栖还是深海渔具,应显示:

a.放网时:垂直两盏白灯;

b.起网时:垂直两盏灯,上白下红灯;

c.网挂住障碍物时:垂直两盏红灯。

②从事双拖网捕捞的船舶应显示:

a.在夜间,朝着前方并向本对拖网中另一船的方向照射的探照灯;

b.当放网或起网或网挂住障碍物时,按本规则(1)规定号灯。

(3)围网渔船信号

①从事围网捕鱼的船舶,可垂直显示两盏黄色号灯。这些号灯应每秒钟交替闪光一次,而且明暗历时相等。这些号灯仅在船舶的行动为其渔具所妨碍时才可显示。

②[保留]。

# 国　　　际

## 号灯和号型

### 规则 27　失去控制或操纵能力受限的船舶

1.失去控制的船舶应显示:

(1)在最易见处,垂直两盏环照红灯;

(2)在最易见处,垂直两个球体或类似的号型;

(3)当对水移动时,除本款规定的号灯外,还应显示两盏舷灯和一盏尾灯。

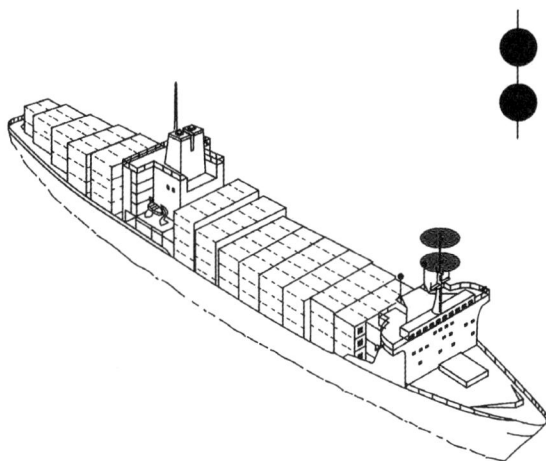

失去控制的船舶——未对水移动,
同样适用于内陆

# 内　陆

## 号灯和号型

### 规则 27　失去控制或操纵能力受限的船舶

**§ 83.27**

1.失去控制的船舶应显示：

(1)在最易见处,垂直两盏环照红灯;

(2)在最易见处,垂直两个球体或类似的号型;

(3)当对水移动时,除本款规定的号灯外,还应显示两盏舷灯和一盏尾灯。

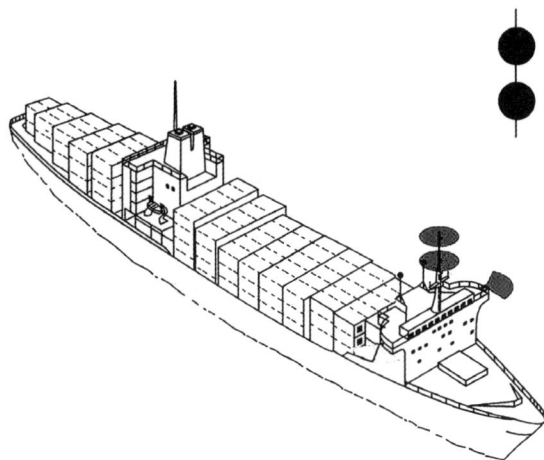

失去控制的船舶——对水移动,
同样适用于国际

# 国　　　　际

## 号灯和号型

**规则 27-续**

2. 操纵能力受到限制的船舶,除从事扫雷作业的船舶外,应显示:

(1)在最易见处,垂直三盏环照灯,最上和最下者应是红色,中间一盏应是白色;

(2)在最易见处,垂直三个号型,最上和最下者应是球体,中间一个应是菱形体;

(3)当对水移动时,除本款(1)项规定的号灯外,还应显示桅灯、舷灯和尾灯;

(4)当锚泊时,除本款(1)和(2)项规定的号灯或号型外,还应显示规则 30 规定的一盏或两盏号灯或一个号型。

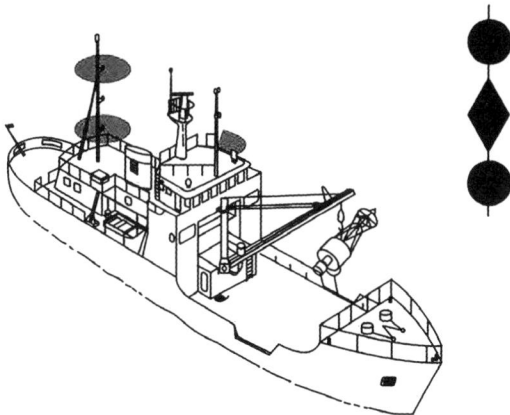

操纵能力受限的船舶——对水移动,长度小于 **50 m**,
同样适用于内陆

81

# 内 陆

## 号灯和号型

### 规则 27-续

2.操纵能力受到限制的船舶,除从事扫雷作业的船舶外,应显示:

(1)在最易见处,垂直三盏环照灯,最上和最下者应是红色,中间一盏应是白色;

(2)在最易见处,垂直三个号型,最上和最下者应是球体,中间一个应是菱形体;

(3)当对水移动时,除 2 款(1)项规定的号灯外,还应显示桅灯、舷灯和尾灯;

(4)当锚泊时,除 2 款(1)和(2)项规定的号灯或号型外,还应显示规则 30(§83.30)规定的一盏或两盏号灯或一个号型。

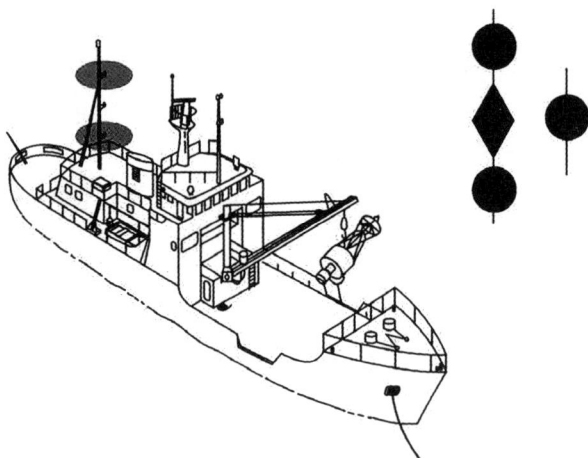

操纵能力受限的船舶——锚泊状态,长度小于 50 m,
同样适用于国际

82

# 国　　际

## 号灯和号型

**规则 27-续**

3. 从事一项使之不能偏离其航向的拖带作业的船舶,除显示第 24 条 1 款规定的号灯或号型外,还应显示本条 2 款(1)和(2)项规定的号灯或号型。

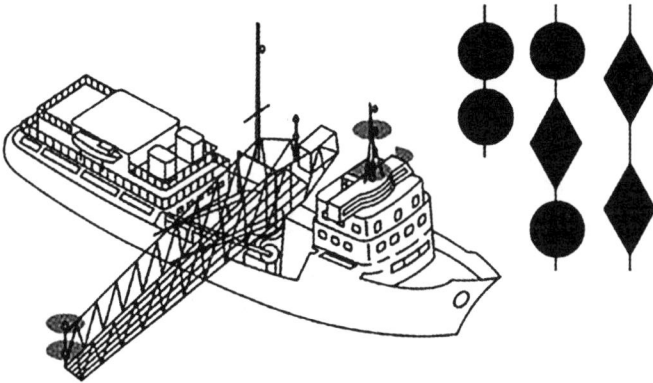

从事疏浚或水下作业的船舶在右舷有障碍物,操纵能力受到限制时——
对水移动,同样适用内陆

# 内　陆

## 号灯和号型

### 规则 27-续

3. 从事一项使之不能偏离其航向的拖带作业的船舶,除显示规则 24(§83.24)规定的号灯或号型外,还应显示本条规则 2 款(1)和(2)项规定的号灯或号型。

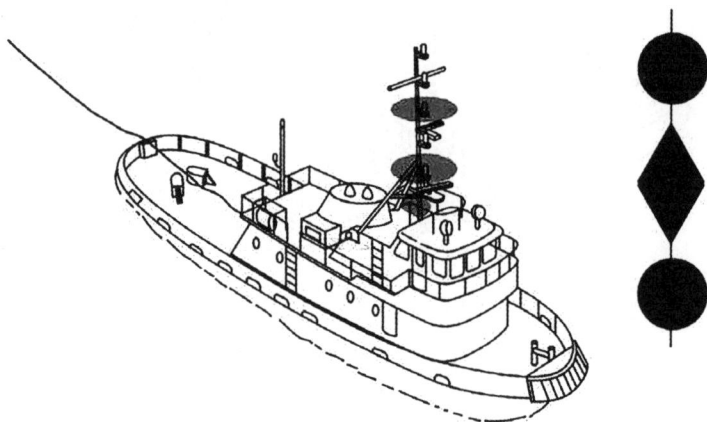

从事一项使之不能偏离其航向的拖带作业的船舶,
拖带长度不超过 **200 m**;长度小于 **50 m** 的拖船,
同样适用于国际

# 国　　际

## 号灯和号型

**规则 27-续**

4. 从事疏浚或水下作业的船舶,当其操纵能力受到限制时,应显示本条规则2款(1)、(2)和(3)项规定的号灯和号型。此外,当存在障碍物时,还应显示:

(1)在碍障物存在的一舷,垂直两盏环照红灯或两个球体;

(2)在他船可以通过的一舷,垂直两盏环照绿灯或两个菱形体;

(3)当锚泊时,应显示本款规定的号灯或号型以取代规则 30 中规定的号灯或号型。

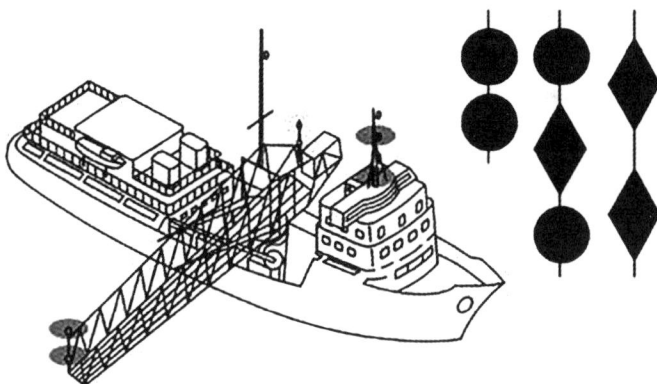

从事疏浚或水下作业的船舶在右舷有障碍物,操纵能力受到限制时——

右舷有障碍物,未对水移动,

同样适用内陆

# 内　　陆

## 号灯和号型

### 规则 27-续

4.从事疏浚或水下作业的船舶,当其操纵能力受到限制时,应显示本条规则 2 款(1)、(2)和(3)项规定的号灯和号型。此外,当存在障碍物时,还应显示:

(1)在碍障物存在的一舷,垂直两盏环照红灯或两个球体;

(2)在他船可以通过的一舷,垂直两盏环照绿灯或两个菱形体;

(3)当锚泊时,应显示本款规定的号灯或号型以取代规则 30(§83.30)中规定的号灯或号型;

(4)漂浮或支撑在栈桥上的疏浚管道应在夜间和能见度受限期间显示以下号灯:

①一排黄灯,灯光必须:

a.每分钟闪烁 50~70 次;

b.在地平线附近随处可见;

c.至少在 2 mi 处可见;

d.距离水面不小于 1 m 且不大于 3.5 m 处;

e.近似等间距;

f.管道穿过通航航道时,间距不超过 10 m。如果管道未穿过通航航道,则号灯的数量必须足以清楚显示管道的长度和路线。

②管道两端各有两盏红灯,包括管道分开以允许船只通过的通道端部(无论是打开的还是关闭的),灯光必须:

a.在地平线附近清晰可见;

b.至少在 2 mi 处可见;

c.两盏号灯垂直间隔 1 m,较低的号灯与闪烁的黄灯位于水面上方相同的高度。

# 国　　际

## 号灯和号型

### 规则 27-续

5. 当从事潜水作业的船舶尺度使之无法显示本条规则 4 款规定的号灯和号型时,则应显示:

(1)在最易见处,垂直三盏环照灯,最上和最下者应是红色,中间一盏应是白色;

(2)一个国际信号旗"A"的硬质复制品,其高度不小于 1 m,并应采取措施以确保在四周都可见。

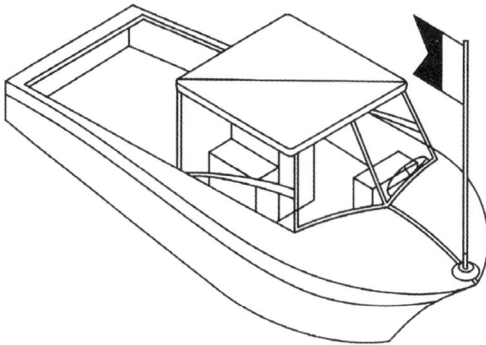

白天从事潜水作业的小型船舶,
同样适用于内陆

# 内　陆

## 号灯和号型

**规则 27-续**

5. 当从事潜水作业的船舶尺度使之无法显示本条规则 4 款规定的号灯和号型时,则应显示:

(1)在最易见处,垂直三盏环照灯,最上和最下者应是红色,中间一盏应是白色;

(2)一个国际信号旗"A"的硬质复制品,其高度不小于 1 m,并应采取措施以确保在四周都可见。

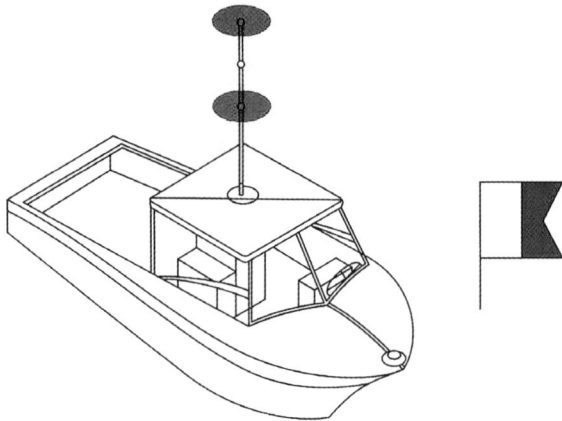

在夜间或能见度受限制时从事潜水作业的小型船舶,
同样适用于国际

# 国　　际

## 号灯和号型

### 规则 27-续

6. 从事扫雷作业的船舶,除规则 23 为机动船规定的号灯或规则 30 为锚泊船规定的号灯或号型外,还应显示三盏环照绿灯或三个球体。这些号灯或号型之一应在接近前桅桅顶处显示,其余应在前桅桁两端各显示一个。这些号灯或号型表示他船驶近至扫雷船 1 000 m 范围以内是危险的。

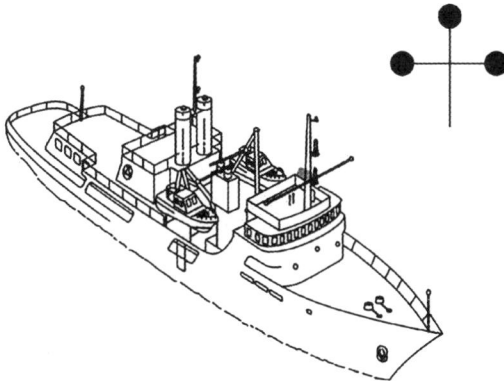

从事扫雷作业的船只——长度小于 50 m,
同样适用于内陆

7. 除从事潜水作业的船舶外,长度小于 12 m 的船舶,不要求显示本条规定的号灯和号型。

8. 本条规则中规定的信号不是遇险船舶和需要援助的信号。遇险及救助信号规则载于本条例附件四中。

# 内　陆

## 号灯和号型

### 规则 27-续

6. 从事扫雷作业的船舶,除规则 23 为机动船规定的号灯或规则 30( §80.30)为锚泊船规定的号灯或号型外,还应显示三盏环照绿灯或三个球体。这些号灯或号型之一应在接近前桅桅顶处显示,其余应在前桅桁两端各显示一个。这些号灯或号型表示他船驶近至扫雷船 1 000 m 范围以内是危险的。

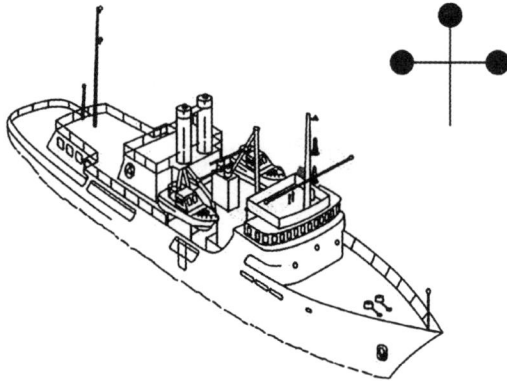

从事扫雷作业的船舶,
同样适用于国际

7. 除从事潜水作业的船舶外,长度小于 12 m 的船舶,不要求显示本条规定的号灯和号型。

8. 本条规则中规定的信号不是遇险船舶和需要援助的信号。遇险及救助信号规则载于本条例附件四(美国《联邦法规》第 33 篇第 87 节)中。

# 国　　际

## 号灯和号型

### 规则 28　吃水受限的船舶

限于吃水的船舶,除规则 23 中为机动动船舶规定的号灯外,还可在最易见处垂直显示三盏环照红灯或一个圆柱体。

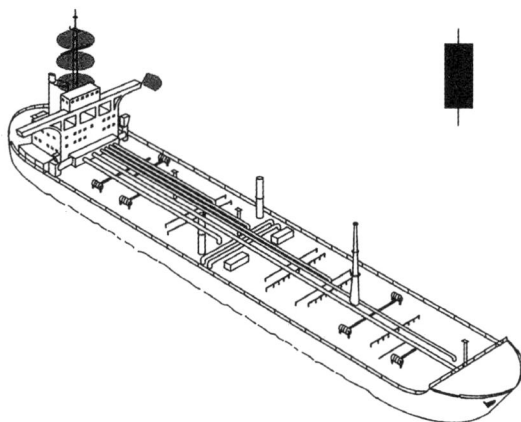

限于吃水的船舶——对水移动,长度为 50 m 或 50 m 以上的船舶

# 内　　陆

## 号灯和号型

### 规则 28　吃水受限的船舶

[保留]。

# 国　　际

## 号灯和号型

### 规则 29　引航船舶

1.执行引航任务的船舶应显示:

(1)在桅顶或接近桅顶处,垂直两盏环照灯,上白下红;

(2)当在航时,外加两盏舷灯和一盏尾灯;

(3)当锚泊时,除本款(1)项规定的号灯外,还应显示一盏或两盏锚灯或一个号型。

2.引航船当不执行引航任务时,应显示为其同样长度的同类船舶规定的号灯或号型。

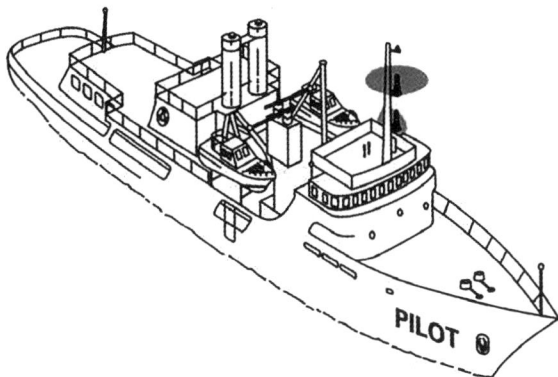

正在执行引航任务的船只——对水移动,
同样适用于内陆

93

# 内　陆

## 号灯和号型

### 规则 29　引航船舶

**§ 83.29**

1.执行引航任务的船舶应显示：

(1)在桅顶或接近桅顶处,垂直两盏环照灯,上白下红；

(2)当在航时,外加两盏舷灯和一盏尾灯；

(3)当锚泊时,除本款(1)项规定的号灯外,还应显示规则 30 条(§83.30)中规定的一盏或两盏锚灯或一个号型。

2.引航船当不执行引航任务时,应显示为其同样长度的同类船舶规定的号灯或号型。

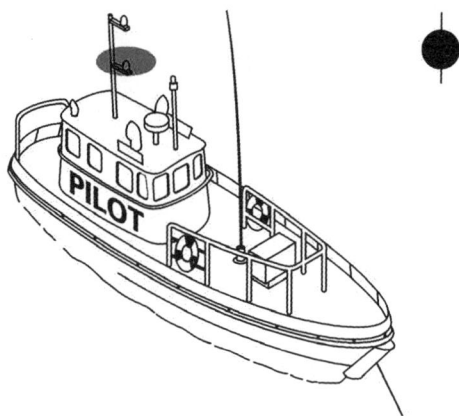

执行引航任务的船舶——锚泊;长度小于 **50 m** 的船舶,
同样适用于国际

# 国　　际

## 号灯和号型

### 规则 30　锚泊船舶和搁浅船舶

1.锚泊中的船舶应在最易见处显示：

(1)在船的前部,一盏环照白灯或一个球体；

(2)在船尾或接近船尾并低于本款(1)项规定的号灯处,一盏环照白灯。

2.长度小于50 m 的船舶,可以在最易见处显示一盏环照白灯,以取代本条规则 1 款规定的号灯。

3.锚泊中的船舶,还可以使用现有的工作灯或同等的灯照明甲板,而长度为 100 m 及 100 m 以上的船舶应当使用此类号灯。

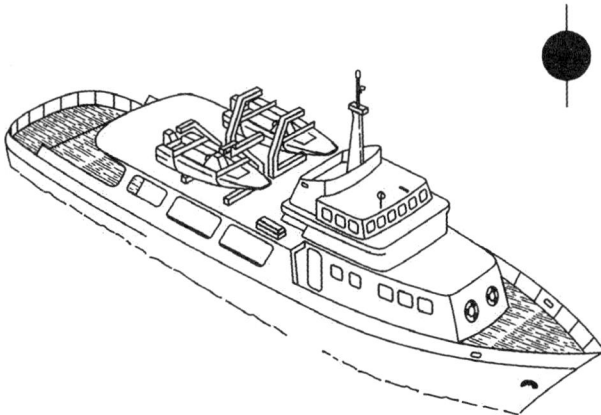

锚泊中的船舶——长度小于 **50 m**,
同样适用于内陆

# 内　陆

## 号灯和号型

### 规则 30　锚泊船舶和搁浅船舶

§ 83.30

1. 锚泊中的船舶应在最易见处显示:

(1)在船的前部,一盏环照白灯或一个球体;

(2)在船尾或接近船尾并低于本款(1)项规定的号灯处,一盏环照白灯。

2. 长度小于 50 m 的船舶,可以在最易见处显示一盏环照白灯,以取代本条规则 1 款规定的号灯。

3. 锚泊中的船舶,还可以使用现有的工作灯或同等的灯照明甲板,而长度为 100 m 及 100 m 以上的船舶应当使用此类号灯。

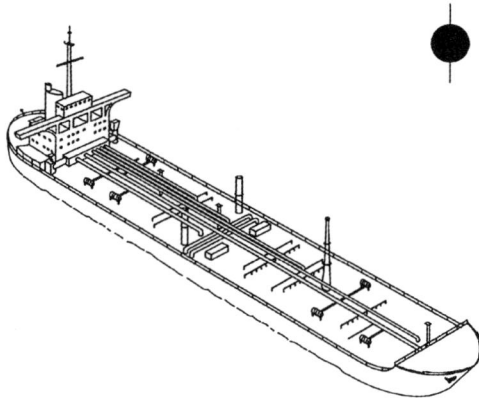

带甲板照明的锚泊船舶,
同样适用于国际

96

# 国　　际

## *号灯和号型*

### 规则 30-续

4. 搁浅的船舶应显示本条规则 1 或 2 款规定的号灯,并在最易见处外加:

(1)垂直两盏环照红灯;

(2)垂直三个球体。

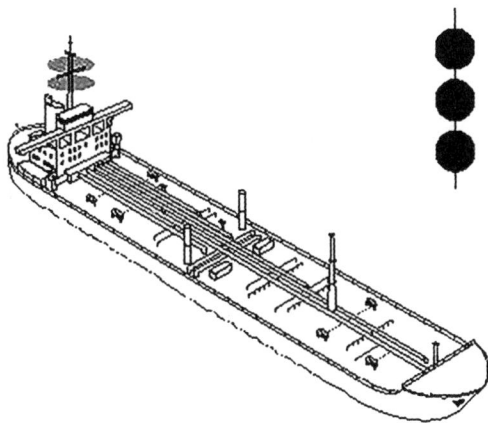

**搁浅的船舶,**
**同样适用于内陆**

　　5. 长度小于 7 m 的船舶,不得在狭窄水道、航道、锚地或其他船舶通常航行的水域中或其附近锚泊搁浅,不要求显示本条规则 1、2 款规定的号灯或号型。

　　6. 长度小于 12 m 的船舶在搁浅时,无需展示本条规则 4 款(1)和(2)条规定的号灯或号形。

# 内　　陆

## 号灯和号型

### 规则 30-续

4.搁浅的船舶应显示本条规则1或2款规定的号灯,并在最易见处外加:

(1)垂直两盏环照红灯;

(2)垂直三个球体。

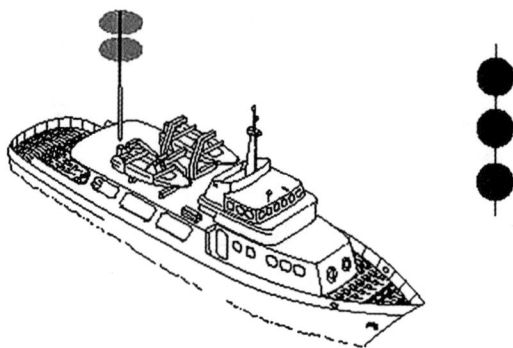

**搁浅的船舶——长度小于 50 m,**
**同样适用于国际**

5.长度小于 7 m 的船舶,不得在狭窄水道、航道、锚地或其他船舶通常航行的水域中或其附近锚泊搁浅,不要求显示本条规则 1、2 款规定的号灯或号型。

6.长度小于 12 m 的船舶在搁浅时,无需展示本条规则 4 款(1)和(2)条规定的号灯或号形。

# 国　　际

## 号灯和号型

［空白］。

# 内　陆

## 号灯和号型

**规则 30-续**

7. 长度小于 20 m 的船舶在海岸警卫队①指定的特殊锚地锚泊时,无需展示本规则要求的锚灯和号形。

8. 以下驳船应在夜间以及在能见度有限的情况下(如可行)显示本条规则 9 款所要求的号灯:

(1)伸入浮标或限制航道的每艘驳船;

(2)系泊的每艘驳船都会将任何航道的可用通航宽度降低到 80 m 以下;

(3)成组系泊的驳船,宽度超过两条驳船或最大宽度超过 25 m;

(4)未与河岸或码头平行系泊的每艘驳船。

9. 本条规则 8 款中描述的驳船应配备两个无障碍的白光环照灯,其强度应至少在 1 n mile 内可见,并符合附录 A(33 CFR 第 84 部分)中规定的技术要求。

10. 一艘驳船或一组驳船锚定或固定在一个或多个系泊浮标或其他类似装置上时,代替本规则的规定,可携带强度至少为 1 n mile 范围内可见的无障碍白光环照灯,符合附录 A(33 CFR 第 84 部分)的要求,并应按以下方式布置。

(1)从群组中突出的任何驳船,应在其外侧角上照明。

(2)因其他船舶通常在驳船两侧航行,故在系泊在水中的单艘驳船上应放置灯光以标记驳船的角端。

在成组系泊的驳船上,或在其他船舶通常在成组两侧航行的水域中系泊的驳船,应放置灯,以标记成组的角端。

(3)因其他船舶通常在系泊组群两侧的水域中航行,故在以组群形式系泊的驳船上,应放置灯以标记组群的角端。

11. 以下情况不受本规则要求的约束:

(1)系泊在滑道或沼泽中的驳船或驳船组;

(2)停泊在码头后面的驳船或驳船组;

(3)长度小于 20 m 的驳船,当系泊在根据本章 §109.10 指定的特殊锚固区时。

---

① 参见美国《联邦法规》33 篇 110 节 A 部分

# 国　　际

## 号灯和号型

［空白］。

# 内　　陆

## 号灯和号型

### 规则 30-续

12.停泊在照明良好区域的驳船不受本规则照明要求的约束。这些区域如下：

芝加哥环境卫生和航行运河：

(1)293.2—293.9 mi;

(2)295.2—296.1 mi;

(3)297.5—297.8 mi;

(4)298—298.2 mi;

(5)298.6—298.8 mi;

(6)299.3—299.4 mi;

(7)299.8—300.5 mi;

(8)303—303.2 mi;

(9)303.7—303.9 mi;

(10)305.7—305.8 mi;

(11)310.7—310.9 mi;

(12)311—311.2 mi;

(13)312.5—312.6 mi;

(14)313.8—314.2 mi;

(15)314.6 mi;

(16)314.8—315.3 mi;

(17)315.7—316 mi;

(18)316.8 mi;

(19)316.85—317.05 mi;

(20)317.5 mi;

# 国　　际

## 号灯和号型

［空白］。

# 内　　陆

## 号灯和号型

**规则 30-续**

(21) 318.4—318.9 mi；

(22) 318.7—318.8 mi；

(23) 320—320.3 mi；

(24) 320.6 mi；

(25) 322.3.6—322.4 mi；

(26) 322.8 mi；

(27) 322.9—327.2 mi；

卡柳梅特水道：

(28) 316.5 mi；

小卡卢梅特河：

(29) 321.2 mi；

(30) 322.3 mi；

卡卢梅特河：

(31) 328.5—328.7 mi；

(32) 329.2—329.4 mi；

(33) 西岸 330—330.2 mi；

(34) 331.4—331.6 mi；

(35) 332.2—332.4 mi；

(36) 332.6—332.8 mi；

坎伯兰河：

(37) 126.8 mi；

(38) 191 mi。

# 国　　际

## 号灯和号型

### 规则 31　水上飞机

当水上飞机或地效飞行器不可能显示按本章各条规定的各种特性或位置的号灯和号型时,应显示尽可能近似于这种特性和位置的号灯和号型。

# 内　陆

## 号灯和号型

### 规则 31　水上飞机

§ 83.31

当水上飞机或地效飞行器不可能显示按本章各条规定的各种特性或位置的号灯和号型时,应显示尽可能近似于这种特性和位置的号灯和号型。

# 国际和内陆航行规则 D 部分
# 国　　　际

## 声音和灯光信号

### 规则 32　定义

1. "号笛"是指能够发出规定笛声并符合本规则附录 C 所载规格的任何声响信号器具。

2. "短声"是指历时约 1 s 的笛声。

3. "长声"是指历时 4~6 s 的笛声。

### 规则 33　声音信号设备

1. 长度为 12 m 或 12 m 以上的船舶,应配备一个号笛和一个号钟,长度为 100 m 或 100 m 以上的船舶,另应配有一面号锣。号锣的间调和声音不可与号钟相混淆。号笛、号钟和号锣应符合本规则附录 C 所载规格。号钟、号锣或二者可用与其各自声音特性相同的其他设备代替,但任何时候都要能以手动鸣放规定的声号。

2. 长度小于 12 m 的船舶,不要求备有本条 1 款规定的声响信号器具。如不备有,则应配置能够鸣放有效声号的其他种类设备。

# 国际和内陆航行规则 D 部分
## 内　　陆

## 声音和灯光信号

### 规则 32　定义

**§ 83.32**

1. "号笛"是指能够发出规定笛声并符合本规则附录 C(33 CFR 第 86 部分)所载规格的任何声响信号器具。

2. "短声"是指历时约 1 s 的笛声。

3. "长声"是指历时 4~6 s 的笛声。

### 规则 33　声音信号设备

**§ 83.33**

1. 长度为 12 m 或 12 m 以上的船舶,应配备一个号笛和一个号钟,长度为 20 m 或 20 m 以上船舶除配备号笛外还应配备号钟,长度为 100 m 或 100 m 以上的船舶,另应配有一面号锣。号锣的间调和声音不可与号钟相混淆。号笛、号钟和号锣应符合本规则附录 C(33 CFR 第 86 部分)所载规格。号钟、号锣或二者可用与其各自声音特性相同的其他设备代替,但任何时候都要能以手动鸣放规定的声号。

2. 长度小于 12 m 的船舶,不要求备有本条 1 款规定的声响信号器具。如不备有,则应配置能够鸣放有效声号的其他种类设备。

# 国　　际

## 声音和灯光信号

### 规则 34　操纵和警告信号

1. 当船舶在互见中,在航机动船按本规则准许或要求进行操纵时,应用号笛发出下列声号表明:

①一短声——表示"我船正在向右转向";

②二短声——表示"我船正在向左转向";

③三短声——表示"我船正在倒车推进"。

2. 在操作过程中,任何船舶均可用灯号补充本条 1 款规定的笛号,这种灯号可根据情况予以重复:

(1)这些灯号应具有以下意义:

①一闪——表示"我船正在向右转向";

②二闪——表示"我船正在向左转向";

③三闪——表示"我船正在向后推进"。

(2)每次闪烁历时应为一秒钟,各闪间隔应约为一秒钟,前后信号的间隔应不少于十秒钟;

(3)如备有用作信号的号灯,则应是一盏环照白灯,其能见距离至少为 5 n mile,并应符合附录 A 所载规定。

3. 当在狭窄水道或航道内互见时:

(1)一艘企图追越他船的船舶应遵照规则 9 的规定,以号笛发出下列声号表示其意图:

①二长声继以一短声——表示"我船企图从你船的右舷追越";

②二长声继以二短声——表示"我船企图从你船的左舷追越";

# 内　陆

## 声音和灯光信号

### 规则 34　操纵和警告信号

**§ 83.34**

1. 当机动的船舶彼此相距 0.5 mi① 以内互见,并相遇或交叉相遇时,当按照本规则的授权或要求操纵时,在航机动船按本规则准许或要求进行操纵:

(1)应用号笛发出下列声号表明:

①一短声——表示"我船正在向右转向";

②二短声——表示"我船正在向左转向";

③三短声——表明"我船正在倒车推进"。

(2)在听到他船的一声或两声号笛信号后,如果双方同意,应发出相同的号笛信号,并采取必要措施实现安全通行。但是,如果由于任何原因,该船舶怀疑拟议操纵的安全性,则应发出本规则 4 款中规定的危险信号,各船舶应采取适当的预防措施,直到达成安全通过协议。

2. 船舶可通过灯光信号补充本条款规定的号笛信号:

(1)这些灯号应具有以下意义:

①一闪——表示"我船正在向右转向";

②二闪——表示"我船正在向左转向";

③三闪——表示"我船正在倒车推进"。

(2)每次闪烁历时应一秒钟;

(3)如备有用作信号的号灯,则应是一盏环照白灯或黄灯,其能见距离至少为 2 n mile,与号笛同步,并应符合附录 A(33 CFR 第 84 部分)所载规定。

3. 当彼此可互见时:

(1)企图追越他船的机动船舶应通过其号笛上发出以下信号表明其意图:

①一短声——表示"我船企图从你船的右舷追越";

———————————

① 1 mi 约为 1 608.344 m。

# 国　　际

## 声音和灯光信号

**规则 34-续**

(2)将要被追越的船舶,当按照规则 9 行动时,应以号笛依次发出下列声号表示同意:一长声、一短声、一长声、一短声。

4. 当互见中船舶正在互相驶近,并且不论由于何种原因,任何一船无法了解他船的意图行动,或者怀疑他船是否正在采取足够的行动以避免碰撞时,存在怀疑的船应立即用号笛鸣放至少五声短而急的声号以表示这种怀疑。该声号可以用至少五次短而急的闪光信号来补充。

5. 船舶在驶近可能被居间的障碍物遮蔽他船的水道或航道的弯头或地段时,应鸣放一长声。该声号应由弯头另一面或居间障碍物后方可能听到它的任何来船回答一长声。

6. 如船上装置几个号笛,其间距大于 100 m,则只应使用一个号笛鸣放操纵和警告声号。

(2)将要被追越的船舶,当按照规则 9 行动时,应以号笛依次发出下列声号表示同意:

一长声、一短声、一长声、一短声。

# 内　陆

## 声音和灯光信号

### 规则 34-续

③二短声——"我打算在你的左舷超过你";

(2)如果双方同意,应发出相同的号笛信号,并采取必要措施实现安全通行。该船如怀疑拟议操纵的安全性,则应发出本规则 4 款中规定的危险信号。

4. 当互见中船舶正在互相驶近,并且不论由于何种原因,任何一船无法了解他船的意图行动,或者怀疑他船是否正在采取足够的行动以避免碰撞时,存在怀疑的船应立即用号笛鸣放至少五声短而急的声号以表示这种怀疑。该声号可以用至少五次短而急的闪光信号来补充。

5. 船舶在驶近可能被居间的障碍物遮蔽他船的水道或航道的弯头或地段时,应鸣放一长声号笛。该声号应由弯头另一面或居间障碍物后方可能听到它的任何来船回答一长声号笛。

6. 如船上装置几个号笛,其间距大于 100 m,则只应使用一个号笛鸣放操纵和警告声号。

7. 当机动船舶离开码头或泊位时,应发出一长声号笛。

8. 在对遇、交叉或追越情况下与他船达成协议的船舶,如通过使用《船舶跨桥无线电话规则》(85 Stat. 164;33 U. S. C. 1201 等)规定的无线电话达成协议,则没有义务发出本规则规定的号笛信号,但也可以如此操作。如果未达成协议,则应及时交换号笛信号,并以之为准。

# 国　　际

## 声音和灯光信号

### 规则 35　能见度受限时使用的声音信号

在能见度受限的水域或其附近时,不论日间还是夜间,本条规定的声号应按照如下方式使用:

1. 机动船对水移动时,应以每次不超过 2 min 的间隔鸣放长声。

2. 在航机动船但已停车并且不对水移动时,应以每次不超过 2 min 的间隔连续鸣放二长声,二长声间隔约 2 s。

3. 失去控制的船舶、操纵能力受到限制的船舶、限于吃水的船舶、帆船、从事捕鱼的船舶,以及从事拖带或顶推他船的船舶,应以每次不超过 2 min 的间隔连续鸣放三声,即一长声继以二短声,以取代本条规则 1 或 2 款规定的声号。

4. 锚泊从事捕鱼的船舶和在抛锚作业时操纵受到限制的船舶,应发出本条第 3 款规定的信号,而非本条规则 7 款所规定的信号。

5. 一艘被拖船或者多艘被拖船的最后一艘,如配有船员,应以每次不超过 2 min 的间隔连续鸣放四声,即一长声继以三短声。如可行时,这种声号应在拖船鸣放之后立即鸣放。

6. 当一顶推船和一被顶推船牢固地连接成为一个组合体时,应作为一艘机动船,鸣放本条规则 1 或 2 款规定的声号。

7. 抛锚的船舶,应以每次不超过 1 min 的间隔急敲号钟约 5 s。长度为 100 m 或 100 m 以上的船舶,应在船的前部敲打号钟,并应在紧接钟声之后,在船的后部急敲号锣约 5 s。此外,锚泊中的船舶,还可以连续鸣放号笛三声,即一短、一长和一短声,以警告驶近的船舶注意本船位置和碰撞的可能性。

# 内　陆

## 声音和灯光信号

### 规则 35　能见度受限时使用的声音信号

**§ 83.35**

在能见度较低的水域或其附近时,不论日间还是夜间,本条规定的声号应按照如下方式使用:

1. 机动船对水移动时,应以每次不超过 2 min 的间隔鸣放长声。

2. 在航机动船但已停车并且不对水移动时,应以每次不超过 2 min 的间隔连续鸣放二长声,二长声间隔约 2 s。

3. 失去控制的船舶、操纵能力受到限制的船舶、限于吃水的船舶、帆船、从事捕鱼的船舶,以及从事拖带或顶推他船的船舶,应以每次不超过 2 min 的间隔连续鸣放三声,即一长声继以二短声,以取代本条规则 1 或 2 款规定的声号。

4. [保留]。

5. 一艘被拖船或者多艘被拖船的最后一艘,如配有船员,应以每次不超过 2 min 的间隔连续鸣放四声,即一长声继以三短声。如可行时,这种声号应在拖船鸣放之后立即鸣放。

6. 当一顶推船和一被顶推船牢固地连接成为一个组合体时,应作为一艘机动船,鸣放本条规则 1 或 2 款规定的声号。

# 国    际

## 声音和灯光信号

### 规则 35-续

8. 搁浅的船舶应鸣放本条规则 7 款规定的钟号,如有要求,应加发锣号。此外,还应在紧急敲号钟之前和之后各敲打分隔而清晰的号钟三下。搁浅的船舶还可以鸣放合适的笛号。

9. 长度为 12 m 或 12 m 以上,但小于 20 m 的船舶无须鸣放本条规则 7 和 8 款规定的钟声信号。但是,如果未如此操作,则应以每次不超过 2 min 的间隔鸣放他种有效的声号。

10. 长度小于 12 m 的船舶,不要求鸣放上述声号,但如不鸣放上述声号,则应以每次不超过 2 min 的间隔鸣放他种有效的声号。

11. 引航船当执行引航任务时,除本条规则 1、2 或 7 款规定的声号外,还可以鸣放由四短声组成的识别声号。

### 规则 36  引起注意的信号

如有必要引起他船注意,任何船舶可以发出灯光或声响信号,但这种信号应不致被误认为本规则其他各条所准许的任何信号,或者可用不致妨碍任何船舶的方式把探照灯光的光束朝着危险的方向。就本规则而言,应避免使用如频闪灯等高强度间歇或旋转灯。

# -内　　陆-

## 声音和灯光信号

### 规则 35-续

8.搁浅的船舶应鸣放本条规则 7 款规定的钟号,如有要求,应加发锣号。此外,还应在紧急敲号钟之前和之后各敲打分隔而清晰的号钟三下。搁浅的船舶还可以鸣放合适的笛号。

9.长度为 12 m 或 12 m 以上,但小于 20 m 的船舶无须鸣放本条规则第 7 和 8 款规定的钟声信号。但是,如果未如此操作,则应以每次不超过 2 min 的间隔鸣放他种有效的声号。

10.长度小于 12 m 的船舶,不要求鸣放上述声号,但如不鸣放上述声号,则应以每次不超过 2 min 的间隔鸣放他种有效的声号。

11.引航船当执行引航任务时,除本条规则 1、2 或 7 款规定的声号外,还可以鸣放由四短声组成的识别声号。

12.下列船舶在海岸警卫队指定的特殊锚地锚泊时,无需按本条规则 7 款的规定鸣放声号:

(1)长度小于 20 m 的船只;

(2)驳船、运河船、平底船或其他船型较小的船只。

### 规则 36　引起注意的信号

**§ 83.36**

如有必要引起他船注意,任何船舶可以发出灯光或声响信号,但这种信号应不致被误认为本规则其他各条所准许的任何信号,或者可用不致妨碍任何船舶的方式把探照灯光的光束朝着危险的方向。

# 国　　际

## 声音和灯光信号

### 规则 37　遇险信号

船舶遇险并需要救助时,应使用或显示本规则附录 D 规定的信号。

| | | | |
|---|---|---|---|
| RED STAR SHELLS | FOG HORN CONTINUOUS SOUNDING | FLAMES ON A VESSEL | GUN FIRED AT INTERVALS OF 1 MIN. |
| ORANGE BACKGROUND BLACK BALL AND SQUARE | SOS SOS | "MAYDAY" BY RADIO | PARACHUTE RED FLARE |
| DYE MARKER (ANY COLOR) | CODE FLAGS NOVEMBER CHARLIE | SQUARE FLAG AND BALL | WAVE ARMS |
| INMARSAT | DIGITAL SELECTIVE CALLING | POSITION INDICATING RADIO BEACON | SMOKE |

**1972 年避碰规则遇险信号**

117

# 内　　陆

## 声音和灯光信号

### 规则 37　遇险信号

**§ 83.37**

船舶遇险并需要救助时,应使用或显示本规则附录 D(33 CFR 第 87 部分)①规定的信号。

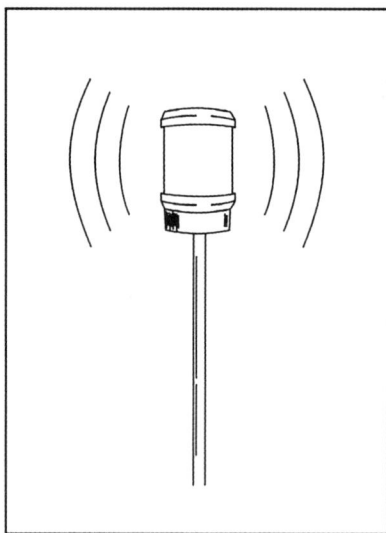

以每分钟 **50** 至 **70** 次的频率间隔闪烁的高强度白光灯。
只适用于内陆。

---

①　内陆水域的遇险信号与扉页上国际水域上显示的信号相同,但该高强度闪烁白光灯除外。

# 国际和内陆航行规则 E 部分
## 国　　际

## 豁　免

### 规则 38　豁免

本规则生效之前已经安放龙骨或处于相应建造阶段的任何船舶(或任何一类船舶)只要符合 1960 年《国际海上避碰规则》的要求,则可:

1. 在本规则生效之日后四年内,免除安装达到规则 22 中规定能见距离的号灯。

2. 在本规则生效之日后 4 年内,免除安装符合本规则附录 A 第 7 节规定的颜色规格的号灯。

3. 永远免除由于从英制单位变换为米制单位以及丈量数字凑整而产生的号灯位置的调整。

4.(1)永远免除长度小于 150 m 的船舶由于附录 A 第 3 节①规定而产生的桅灯位置的调整。

(2)在本规则生效之日后 9 年内,免除在长度为 150 m 或 150 m 以上的船舶由于附录第 3 节①规定而产生的桅灯位置的调整。


根据 1972 年《国际海上避碰规则》每艘船舶(海军船舶除外)在第 38 条 1、2、3、4、5、6 和 7 款规定的期限内免于遵守 1972 年规则的要求,前提是:①其龙骨在 1977 年 7 月 15 日之前已经铺设或处于相应的建造阶段;②该船符合 1960 年《国际海上避碰规则》(77 Stat. 194,33 U. S. C. 1051-1094)要求。

# 国际和内陆航行规则 E 部分
# 内　　陆

## 豁　免

### 规则 38　豁免

**§ 83.38**

1980 年 12 月 24 日之前已经安放龙骨或处于相应建造阶段的任何船舶或船舶类别,只要符合以下要求,则可:

1. 1897 年 6 月 7 日(30 Stat. 96)法案,经修订后(33 U. S. C. 154-232),适用于在受该法规约束的水域航行的船舶;

2. 修订法规(33 U. S. C. 301-356)第 4233 节,适用于航行在受该法规管辖水域的船舶;

3. 1895 年 2 月 8 日(28 Stat. 645)法案,经修订后(33 U. S. c. 241-295),适用于在受该法规约束的水域航行的船舶;

4. 经修订的 1940 年 4 月 25 日法案(54 Stat. 163)第 3、4 和 5 节(《美国法典》第 46 卷第 526b、c 和 d 节),适用于在受该法规约束的水域内航行的摩托艇;应免于遵守本规则的技术附录(33 CFR 第 84 至 88 部分),如下所示:

(1)对于规则 22(§83.22)规定范围内的号灯安装要求,长度小于 20 m 的船舶永久豁免;

(2)长度小于 20 m 的船舶永久豁免安装本规则附件一(33 CFR 第 84 部分)中规定颜色规格的号灯;

(3)永远免除由于从英制单位变换为 m 制单位以及丈量数字凑整而产生的号灯位置的调整;

(4)永远免除长度小于 150 m 的船舶由于附件一(33 CFR 第 84 部分)规定而产生的桅灯位置的调整。

长度小于 150 m 的船舶永久豁免本规则中规定的桅灯的水平重新定位。

# 国　　际

## 豁　免

**规则 38-续**

5. 在本规则生效之日后 9 年内,免除由于附录 A 第 2 节②规定而产生的桅灯位置的调整。

6. 在本规则生效之日后 9 年内,免除由于附录 A 第 2 节⑦和第 3 节②规定而产生的舷灯位置的调整。

7. 在本规则生效之日后 9 年内,免除附录 C 对声号器具所规定的要求。

8. 永久免除本规则附录 A 第 9 节②规定而产生的环照灯位置的调整。

# 内　　陆

## 豁　免

### 规则 38-续

(5)长度为 12 m 或 12 m 以上,但小于 20 m 的机动船舶永久豁免规则 23 第 1 款①项,以及④项规定的约束,前提是船舶在船尾显示出在地平线附近可见的白光,以代替这些号灯。

# 国　　际

## 附　录

## 附录 A　号灯与号型的定位和技术细节

1.定义

"船体以上的高度"是指最上层连续甲板以上的高度。这一高度应从灯的位置垂直下方处量起。

2.号灯的垂向位置和间距

（1）长度为 20 m 或 20 m 以上的机动船,桅灯应安置如下:

①前桅灯,或如只装设一盏桅灯,则该桅灯在船体以上的高度应不小于 6 m,如船的宽度超过 6 m,则在船体以上的高度应不小于该宽度,但是该灯安置在船体以上的高度不必大于 12 m;

②当装设两盏桅灯时,后灯高于前灯的垂向距离应至少为 4.5 m。

（2）机动船的两盏桅灯的垂向距离应是:在一切正常吃水差的情况下,当从距离船首 1 000 m 的海面观看时,应能看出后灯在前灯的上方并且两灯分开。

（3）长度为 12 m 或 12 m 以上,但小于 20 m 的机动船,其桅灯安置在舷缘以上的高度应不小于 2.5 m。

（4）长度小于 12 m 的机动船,可以把最上面的一盏号灯装在舷缘以上小于 2.5 m 的高度。但如按照本规则之规定,当在舷灯和尾灯之外设有一盏桅灯时,则该桅灯的设置至少应高于舷灯 1 m。

# 内　　陆

## 附　录
## 附录 A　号灯与号型的定位和技术细节

# 国　　际

## 附录 A－续

(5)为从事拖带或顶推他船的机动船所规定的两盏或三盏桅灯中的一盏,应安置在前桅灯或后桅灯相同的位置。如果该灯装在后桅上,则该最低的后桅灯高于前桅灯的垂向距离应不少于 4.5 m。

(6)①规则 23,1 款规定的桅灯,除本款②项所述外,应安置在高于并离开其他一切灯光和遮蔽物的位置上。

②当在低于桅灯的位置上不可能装设规则 27,2 款①项或规则 28 中规定的环照灯时,这些环照灯可以装设在后桅灯上方或悬挂于前桅灯和后桅灯垂向之间,如属后一种情况,则应符合本附录第 3 节③的要求。

(7)机动船的舷灯安置在船体以上的高度,应不超过前桅灯高度的 3/4。这些舷灯的高度不应低到受甲板灯光干扰的程度。

(8)长度小于 20 m 的机动船的舷灯,如合并为一盏,则应安置在低于桅灯不小于 1 m 处。

(9)当本规则规定垂直装设两盏或三盏号灯时,这些号灯的间距应按照如下安置:

①长度为 20 m 或 20 m 以上的船舶,这些号灯的间距应不小于 2 m,而且除需要拖带号灯的情况外,这些号灯的最低一盏,应装设在船体以上高度不低于 4 m 处;

②长度小于 20 m 的船舶,这些号灯的间距应不小于 1 m,而且除需要拖带号灯的情况外,这些号灯的最低一盏,应装设在船体以上高度不低于 2 m 处;

③当装设三盏号灯时,其间距应相等。

(10)为从事捕鱼的船舶所规定的两盏环照灯的较低一盏,在舷灯以上的高度应不小于这两盏号灯垂向间距的两倍。

(11)当装设两盏锚灯时,如规则 30,1 款①项之规定,前锚灯应高于后锚灯不小于 4.5 m。长度为 50 m 或 50 m 以上的船舶,前锚灯应安装在船体以上高度不低于 6 m 处。

# 内　陆

## 附录 A-续

5. 为从事拖带或顶推他船的机动船所规定的两盏或三盏桅灯中的一盏,应安置在前桅灯或后桅灯相同的位置。如果该灯装在后桅上,则该最低的后桅灯高于前桅灯的垂向距离应不少于 2 m。

6.(1)规则 23,1 款规定的桅灯,除本款②项所述外,应安置在高于并离开其他一切灯光和遮蔽物的位置上。

(2)当在低于桅灯的位置上不可能装设规则 27,2 款①项或规则 28 规定的环照灯时,这些环照灯可以装设在后桅灯上方或悬挂于前桅灯和后桅灯垂向之间,如属后一种情况,则应符合本附录第 3 节③的要求。

7. 机动船舶的舷灯应安置在前桅灯下方至少一 m 处。这些舷灯的高度不应低到受甲板灯干扰的程度。

8.〔保留〕

9. 当 E① 部分中的规则规定垂直安装两个或三个号灯时,其间距应按照如下位置安置:

(1)长度为 20 m 或 20 m 以上的船舶,这些号灯的间距应不小于 1 m,而且除需要拖带号灯的情况外,这些号灯的最低一盏,应装设在船体以上高度不低于 4 m 处;

(2)长度小于 20 m 的船舶,这些号灯的间距应不小于 1 m,而且除需要拖带号灯的情况外,这些号灯的最低一盏,应装设在船体以上高度不低于 2 m 处;

(3)当装设三盏号灯时,其间距应相等。

10. 为从事捕鱼的船舶所规定的两盏环照灯的较低一盏,在舷灯以上的高度应不小于这两盏号灯垂向间距的两倍。

11. 当装设两盏锚灯时,如规则 30,1 款①项之规定,前锚灯应高于后锚灯不小于 4.5 m。长度为 50 m 或 50 m 以上的船舶,前锚灯应装设在船体以上高度不低于 6 m 处。

---

① 《联邦法规》第 33 篇第 83-90 节。

# 国　　际

## 附录 A-续

3. 号灯的水平定位和间距

（1）当机动船按规定装设两盏桅灯时，两灯之间的水平距离应不小于船长的一半，但不必大于 100 m。前桅灯应安置在离船首不大于船长的 1/4 处。

（2）长度为 20 m 或 20 m 以上的机动船，舷灯不应安置在前桅灯的前面。这些舷灯应安置在舷侧或接近舷侧处。

（3）当规则 27,2 款①项或规则 28 规定的号灯设置在前桅灯和后桅灯垂向之间时，这些环照灯应安置在与该船首尾中心线正交的横向水平距离不小于 2 m 处。

（4）当机动船舶仅规定一个桅灯时，该灯应在船中前部显示。长度小于 20 m 的船舶无需在船中前部显示该灯光，但应在可行的范围内尽量靠前显示。

4. 渔船、疏浚船及从事水下作业船舶的示向号灯的位置细节如下：

（1）从事捕鱼的船舶，按照规则 26,3 款②项规定用以指示船边外伸渔具方向的号灯，应安置在离开那两盏环照红和白灯不小于 2 m 但不大于 6 m 的水平距离处。该号灯的安置应不高于规则 26,3 款①项规定的环照白灯，但也不应低于舷灯。

（2）从事疏浚或水下作业的船舶，按照规则 27,4 款①和②项规定用以指示有障碍物的一舷和（或）能安全通过的一舷的号灯和号型，应安置在离开规则 27,2 款①和②项规定的号灯和号型实际可行的最大水平距离处，但决不应小于 2 m。这些号灯或号型的上面一个的安置高度决不应高于规则 27,2 款①和②项规定的 3 盏号灯或号型中的下面一个。

# 内　陆

## 附录 A-续

### §84.03 号灯的水平定位和间距

1. 除本节第 4 款规定的情况外,当为机动船舶规定了两个桅灯时,其水平间距不得小于船舶长度的四分之一,但不得超过 50 m。前灯必须安置在距离阀杆不超过船舶长度一半的位置。

2. 在长度为 20 m 或以上的机动船舶上,舷灯不得安置在前桅灯之前。应将其安置在船舷或附近。

3. 当规则 27,2 款①项中规定的号灯设置在前桅灯和后桅灯垂向之间时,这些环照灯应安置在与该船首尾中心线正交的横向水平距离不小于 2 m 处。

4. 当机动船舶仅规定一个桅灯时,该灯应在船中前部显示。长度小于 20 m 的船舶无需在船中前部显示该灯光,但应在可行的范围内尽量靠前显示。

5. 在西部河流以及本章 §89.25 规定的水域上运行的长度为 50 m 及 50 m 以上,但小于 60 m 的机动船舶上,桅灯之间的水平距离不得小于 10 m。

### §84.04 渔船、疏浚船及从事水下作业船舶的示向号灯的位置细节如下:

1. 从事捕鱼的船舶,按照规则 26,3 款②项规定用以指示船边外伸渔具方向的号灯,应安置在离开那两盏环照红和白灯不小于 2 m 但不大于 6 m 的水平距离处。该号灯的安置应不高于规则 26,3 款①项规定的环照白灯,但也不应低于舷灯。

2. 从事疏浚或水下作业的船舶,按照规则 27,4 款①和②项规定用以指示有障碍物的一舷和(或)能安全通过的一舷的号灯和号型,应安置在离开规则 27,2 款①和②项规定的号灯和号型实际可行的最大水平距离处,但在任何情况下不得小于 2 m。这些号灯或号型的上面一个的安置高度决不应高于规则 27,2 款①和②项规定的 3 个号灯或号型中的下面一个。

# 国　　际

## 附录 A–续

5. 舷灯遮板

长度在 20 m 或 20 m 以上船舶的舷灯,应装有无光黑色的内侧遮板,并符合本附录第 9 节的要求。长度小于 20 m 的船舶的舷灯,如须符合本附录第 9 节的要求,则应装有无光黑色的内侧遮板。装设单一直立灯丝并在绿色和红色两部分之间有一条很窄分界线的合座灯,可不必装配外部遮板。

6. 号型

(1)号型应是黑色并具有以下尺度:

①球体的直径应不小于 0.6 m;

②圆锥体的底部直径应不小于 0.6 m,其高度应与直径相等;

③圆柱体的直径至少应为 0.6 m,其高度应两倍于直径;

④菱形体应由两个本款②所述的圆锥体以底相合组成。

(2)号型间的垂直距离至少应为 1.5 m。

(3)长度小于 20 m 的船舶,可用与船舶尺度相称的较小尺度的号型,号型间距亦可相应减少。

7. 号灯的颜色规格

所有航海号灯的色度应符合国际照明委员会(CIE)设定的标准,这些标准涵盖在国际照明委员会为每种颜色所规定的图解区域界限以内。

# 内　　陆

## 附 录 A−续

### §84.05 舷灯遮板

1. 长度在 20 m 或 20 m 以上的船舶的舷灯,应装有无光黑色的内侧遮板,并符合本附录第 15 节(§84.15)的要求。长度小于 20 m 的船舶的舷灯,如须符合本附录第 15 节(§84.15)的要求,则应装有无光黑色的内侧遮板。装设单一直立灯丝,并在绿色和红色两部分之间有一条很窄分界线的合座灯,可不必装配外部遮板。

2. 在 1983 年 7 月 31 日之后建造的长度小于 12 m 的机动船舶上,应遮蔽桅灯或规则 23,4 款规则(本章§83.23,4 款)中所述的环照灯,以防止船舶在操作员位置前方直接照明。

### §84.06 号型

1. 号型应是黑色并具备以下尺度:
(1)球体的直径应不小于 0.6 m。
(2)锥体的底部直径应不小于 0.6 m,高度应等于其直径。
(3)菱形应由本款(2)所述的两个同底圆锥体组成。

2. 号型之间的垂直距离应至少为 1.5 m。

3. 长度小于 20 m 的船舶,可用与船舶尺度相称的较小尺度的号型,号型间距亦可相应减少。

### §84.13 号灯颜色规范

所有航海号灯的色度应符合下列标准,这些标准涵盖在国际照明委员会(CIE)为每种颜色所规定的图解区域界限以内。

# 国　　际

## 附录 A-续

每种颜色的区域界限是用折角点的坐标表示的,这些坐标如下:

(1)白色:

x 0.525 0.5250.452 0.310 0.3100.443

y 0.382 0.440 0.4400.348 0.2830.382

(2)绿色:

x 0.028 0.009 0.300 0.203

y 0.385 0.723 0.511 0.356

(3)红色:

x 0.680 0.660 0.735 0.721

y 0.320 0.320,0.265,0.259

(4)黄色:

x 0.612 0.618 0.575 0.574

y 0.382 0.3820.425 0.406

### §84.14. 号灯的发光强度

1.号灯的最低发光强度应用以下公式计算:

$$I = 3.43 \times 106 \times T \times D2 \times K^{-D}$$

式中　I——在正常工作条件下的发光强度,单位 坎德拉(candelas);

T——临阈系数 $2 \times 10^{-7}$ 勒克司;

D——号灯的能见距离(照明距离),以 n mile 计算;

K——大气透射率。用于规定的号灯,$K$ 值应是 0.8,相当于约 13 n mile 的大气能见度。

2.从上述公式导出的数值选例如下:

D 号灯的能见距离(照明距离),K=0.8 时,号灯的发光强度 I,

# 内　　陆

## 附录 A-续

每种颜色的区域界限是用折角点的坐标表示,这些坐标如下:

(1)白色:

x 0. 525 0. 5250. 452 0. 310 0. 3100. 443

y 0. 382 0. 440 0. 4400. 348 0. 2830. 382

(2)绿色:

x 0. 028 0. 009 0. 300 0. 203

y 0. 385 0. 723 0. 511 0. 356

(3)红色:

x 0. 680 0. 660 0. 735 0. 721

y 0. 320 0. 320,0. 265,0. 259

(4)黄色:

x 0. 612 0. 618 0. 575 0. 574

y 0. 382 0. 3820. 425 0. 406

### §84. 14 号灯的发光强度

1. 号灯的最低发光强度应用以下公式计算:

$$I = 3.43 \times 106 \times T \times D2 \times K^{-D}$$

式中　I——在正常工作条件下的发光强度,单位为坎德拉(candelas);

T——临阈系数 $2 \times 10^{-7}$ 勒克司;

D——号灯的能见距离(照明距离),以 n mile 计算;

K——大气透射率。用于规定的号灯,$K$ 值应是 0. 8,相当于约 13 n mile 的大气能见度。

2. 从上述公式导出的数值选例如下:

D 号灯的能见距离(照明距离),K=0. 8 时,号灯的发光强度 I,

# 国　际

## 附录 A－续

| 以 n mile 为单位 | 以坎德拉为单位 |
|:---:|:---:|
| D | I |
| 1 | 0.9 |
| 2 | 4.3 |
| 3 | 12 |
| 4 | 27 |
| 5 | 52 |
| 6 | 94 |

注:航海号灯的最大发光强度应予限制,以防止过度眩光,但不能通过对发光强度的可变控制来实现。

# 内　　陆

## 附 录 A–续

| 以 n mile 为单位 | 以坎德拉为单位 |
|:---:|:---:|
| D | I |
| 1 | 0.9 |
| 2 | 4.3 |
| 3 | 12 |
| 4 | 27 |
| 5 | 52 |
| 6 | 94 |

# 国　际

## 附录 A-续

9. 水平光弧

（1）①船上所装的舷灯，在朝前的方向上，应显示最低要求的发光强度。发光强度在规定光弧外的 1°至 3°之间，应减弱以达到切实断光。

②尾灯和桅灯，以及舷灯在正横后 22.5°处，应在水平弧内保持最低要求的发光强度，直到规则 21 规定的光弧界限内 5°。从规定的光弧内 5°起，发光强度可减弱 50%，直到规定的界限；然后，发光强度应不断减弱，以达到在规定光弧以外至多 5°处切实断光。

（2）①环照灯应安置在不受桅、顶桅或上层建筑大于 6°角光弧的遮蔽的位置上，但规则 30 规定的锚灯除外，锚灯不必安置在船体以上不切实际的高度。

②如果仅显示一盏环照灯不符合本节第 2 款①项的规定，则应使用两盏环照灯，并适当定位或遮蔽，以使其在可行范围内尽可能在一 n mile 的距离上显示为一盏灯。

10. 垂向光弧

（1）除帆船的号灯外，船舶所装电气号灯的垂向光弧，应确保：

①从水平上方 5°到水平下方 5°的所有角度内，至少保持所要求的最低发光强度；

②从水平上方 7.5°到水平下方 7.5°，至少保持所要求的最低发光强度的 60%。

（2）帆船所装电气号灯的垂向光弧，应保证：

①从水平上方 5°到水平下方 5°的所有角度内，至少保持所要求的最低发光强度；

②从水平上方 25°到水平下方 25°，至少保持所要求的最低发光强度的 50%。

（3）电气号灯以外的号灯应尽可能符合这些规格。

# 内　　陆

## 附录 A－续

### §84.15 水平光弧

(1)①船上所装的舷灯,在朝前的方向上,应显示最低要求的发光强度。发光强度在规定光弧外的 1 度至 3 度之间,应减弱以达到切实断光。

②尾灯和桅灯,以及舷灯在正横后 22.5°处,应在水平弧内保持最低要求的发光强度,直到规则 21 规定的光弧界限内 5°。从规定的光弧内 5°起,发光强度可减弱 50%,直到规定的界限;然后,发光强度应不断减弱,以达到在规定光弧以外至多 5°处切实断光。

(2)①环照灯应安置在不受桅、顶桅或上层建筑大于 6°光弧的遮蔽的位置上,但规则 30 规定的锚灯和规则 23,4 款中规定的环照白光灯除外,锚灯不必安置在船体以上不切实际的高度。

(3)如果仅显示一盏环照灯不符合本节第 2 款①项的规定,则应使用两盏环照灯,并适当定位或屏蔽,以使其在可行范围内尽可能在 1 n mile 的距离上显示为一盏灯。①

### §84.16 垂向光弧

(1)所装电气号灯的垂向光弧,除帆船及无人驾驶驳船上的号灯外,应确保:

①从水平上方 5°到水平下方 5°的所有角度内,至少保持所要求的最低发光强度;

②从水平上方 7.5°到水平下方 7.5°,至少保持所要求的最低发光强度的 60%。

(2)帆船所装电气号灯的垂向光弧,应保证:

①从水平上方 5°到水平下方 5°的所有角度内,至少保持所要求的最低发光强度;

②从水平上方 25°到水平下方 25°,至少保持所要求的最低发光强度的 50%。

(3)对于无人驾驶驳船,安装的电灯的最低要求强度应保持水平。

(4)电气号灯以外的号灯应尽可能符合这些规格。

---

① 两盏相距 1.28 m 或间距更小的无屏蔽环照灯在一 n mile 的距离处肉眼可见为一盏灯。

# 国　际

## 附录 A—续

11. 非电气号灯的发光强度

非电气号灯应尽可能符合本附录第 8 节中规定的最低发光强度。

12. 操纵号灯

尽管有本附录第 2 节(6)的规定,规则 34,2 款所述的操纵号灯应安置在一盏或多盏桅灯的同一首尾垂直面上,如可行,操纵号灯应高于前桅灯的垂向距离至少为 2 m,但该灯的装设应高于或低于后桅灯的垂向距离不小于 2 m。只装设一盏桅灯的船舶,如装有操纵号灯,则应装设在与桅灯的垂向距离不小于 2 m 的最易见处。

13. 高速艇①

(1)高速艇的桅灯可安置在与其宽度适应的高度,该高度应低于本附录第 2 节 1 款(1)中规定的高度,前提是舷灯和桅灯形成的等腰三角形的底角在端部标高处不小于 27°。

(2)在长度为 50 m 或 50 m 以上的高速艇上,可修改本附录要求的 4.5 m 前桅杆和主桅杆之间的垂直间距,前提是该距离不得小于以下公式确定的值:

$$y = \frac{(a+17\Psi)C}{1\,000} + 2$$

式中　$y$——主桅灯高于前桅灯的高度,单位为 m;

　　　$a$——在役前照灯在水面以上的高度,以 m 为单位的条件;

　　　$\psi$——使用条件下的配平,单位为度;

　　　$C$——桅灯的水平间距,单位为 m。

14. 批准

号灯和号型的构造及号灯在船上的安装,应符合船旗国的有关主管机关的要求。

---

① 　参考 1994 年《国际高速艇安全规范》和 2000 年《国际高速艇安全规范》。

# 内　　陆

## 附录 A-续

### §84.17 非电气号灯的发光强度

非电气号灯应尽可能符合 84.14 中规定的最低发光强度。

### §84.18 操纵灯

尽管有本附录第 2 节(6)的规定,规则 34,2 款所述的操纵号灯应安置在一盏或多盏桅灯的同一首尾垂直面上,如可行,操纵号灯应高于前桅灯的垂向距离至少为 2 m,但该灯的装设应高于或低于后桅灯的垂向距离不小于 2 m。只装设一盏桅灯的船舶,如装有操纵号灯,则应装设在与桅灯的垂向距离不小于半 m 的最易见处。

### §84.19 高速艇①

(1)高速艇的桅灯可安置在与其宽度适应的高度,该高度应低于本附录第 2 节 1 款①中规定的高度,前提是舷灯和桅灯形成的等腰三角形的底角在端部标高处不小于 27°。

(2)在长度为 50 m 或 50 m 以上的高速艇上,可修改本附录要求的 4.5 m 前桅杆和主桅杆之间的垂直间距,前提是该距离不得小于以下公式确定的值:

$$y = \frac{(a+17\Psi)C}{1\ 000} + 2$$

式中　$y$——主桅灯高于前桅灯的高度,单位为 m;

$\quad\quad a$——在役前照灯在水面以上的高度,以 m 为单位;

$\quad\quad \psi$——使用条件下的配平,单位为度;

$\quad\quad C$——桅灯的水平间距,单位为 m。

### §84.20 批准

号灯和号型的构造及号灯在船上的安装,应符合船旗国的有关主管机关的要求。

---

① 参考 1994 年《国际高速艇安全规范》和 2000 年《国际高速艇安全规范》

# -国　　际-

## 附录 B　近距离捕鱼渔船的附加信号

1. 通则

本附录中所述的号灯,如为履行规则 26,4 款而显示时,应安置在最易见处。这些号灯的间距至少应为 0.9 m,但要低于规则 26,2 款②项和 3 款①项规定的号灯。这些号灯应能在水平四周至少 1 n mile 的距离可见,但应小于本规则为渔船规定的号灯的能见距离。

2. 拖网渔船的信号

(1)长度 20 m 或大于 20 m 的船舶在从事拖网作业时,不论使用海底还是深海渔具,应做到:

①放网时:垂直显示两盏白灯;

②起网时:垂直显示两盏灯,上白下红;

③网挂住障碍物时:垂直显示两盏红灯。

(2)长度为 20 m 或大于 20 m、从事对拖网作业的每一船应显示:

①在夜间,朝着前方并向本对拖网中另一船的方向照射的探照灯;

②当放网或起网或网挂住障碍物时,按本附录第 2 节(1)规定的号灯;

(3)长度小于 20 m、从事拖网作业的船舶,不论使用海底或深海渔具还是从事对拖网作业,可酌情显示本章(1)或(2)中规定的号灯。

3. 围网船的信号

从事围网捕鱼的船舶,可垂直显示两盏黄色号灯。这些号灯应每秒钟交替闪光一次,而且明暗历时相等。这些号灯仅在船的行动被其渔具所妨碍时才可显示。

# 内　　陆

## 附录 B　近距离捕鱼船的附加信号

§ 85. 01.【保留】。

# 国　际

## 附录 C　声音信号设备的技术细节

### 1. 号笛

（1）频率和可听距离

笛号的基频应在 70~700 Hz 范围内。笛号的可听频率和范围应由这些频率确定，这些频率可能包括基本频率和/或一个或多个更高频率。对于长度为 20 m 或以上的船舶，这些频率在 180~700 Hz（±1%）范围内；对于长度小于 20 m 的船只频率为 180~2 100 Hz（±1%）范围内，并具有本节（3）规定的声压级的频率来决定。

（2）基频的界限

为保证号笛的多样特性，号笛的基频应介于下列界限以内：

①70~200 Hz，适用于长度 200 m 或 200 m 以上的船舶；

②130~350 Hz，适用于长度 75 m 或 75 m 以上，但小于 200 m 的船舶；

③250~700 Hz，适用于长度小于 75 m 的船舶。

（3）笛号的声音强度和可听距离

船上所装的号笛，在其最大声强方向上，距离 1 m 处，在频率为 180~700 Hz（±1%）（长度 20 m 或 20 m 以上的船舶）或 180~2 100 Hz（±1%）（长度 20 m 以下的船舶）范围内的至少每个 1/3 倍频带宽中，应具有不小于表 86.01（3）所示相应数值的声压级。

表中的可听距离是参考性的，而且是在号笛的前方轴线上，在无风条件下，有 90% 的概率可在有一般背景噪声（用中心频率为 250 Hz 的倍频程带宽时取 68 dB，用中心频率为 500 Hz 的倍频程带宽时取 63 dB）的船上收听点听到的大约距离。

实际上，号笛的可听距离极易变化。而且主要取决于天气情况，所示数值可作为典型值，但在强风或在收听点周围有高背景噪声的情况下，可听距离可大大缩减。

# 内　　陆

## 附录 C　声音信号设备的技术细节

### §86.01 号笛

（1）频率和可听距离

笛号的基频应在 70～700 Hz 范围内。笛号的可听频率和范围应由这些频率确定，这些频率可能包括基本频率和/或一个或多个更高频率。对于长度为 20 m 或以上的船舶，这些频率在 180～700 Hz（±1%）范围内；对于长度小于 20 m 的船只频率为 180～2 100 Hz（±1%）范围内，并具由本节（3）规定的声压级的频率来决定。

（2）基频的界限

为保证号笛的多样特性，号笛的基频应介于下列界限以内：

①70～200 Hz，适用于长度 200 m 或 200 m 以上的船舶；

②130～350 Hz，适用于长度 75 m 或 75 m 以上但小于 200 m 的船舶；

③250～700 Hz，适用于长度小于 75 m 的船舶。

（3）笛号的声音强度和可听距离

船上所装的号笛，在其最大声强方向上，距离 1 m 处，在频率为 180～700 Hz（±1%）（长度 20 m 或 20 m 以上的船舶）或 180～2 100 Hz（±1%）（长度 20 m 以下的船舶）范围内的至少每个 1/3 倍频带宽中，应具有不小于本节表 86.01（3）所示相应数值的声压级。

表 86.01（3）中的可听距离是参考性的而且是在号笛的前方轴线上，在无风条件下，有 90% 的概率可在有一般背景噪声（用中心频率为 250 Hz 的倍频程带宽时取 68 dB，用中心频率为 500 Hz 的倍频程带宽时取 63 dB）的船上收听点听到的大约距离。实际上，号笛的可听距离极易变化。而且主要取决于天气情况，所示数值可作为典型值，但在强风或在收听点周围有高背景噪声的情况下，可听距离可大大减小。

# 国　　际

## 附录 C—续

表 86.01（3）

| Length of vessel in meters | 1/3-octave band level at 1 meter in dB referred to $2 \times 10^{-5}$ N/m$^2$ | Audibility range in nautical miles |
|---|---|---|
| 200 or more | 143 | 2 |
| 75 but less than 200 | 138 | 1.5 |
| 20 but less than 75 | 130 | 1 |
| Less than 20 | 120① <br> 115② <br> 111③ | 0.5 |

①当测得的频率在 180-450 Hz 范围内时。
②当测得的频率在 450-800 Hz 范围内时。
③当测得的频率在 800-2 100 Hz 范围内时。

（4）方向性

方向性号笛的声压值,在轴线±45°内的任何水平方向上,比轴线上的规定声压级至多只应低 4 dB,在任何其他水平方向上的声压级,比轴线上的规定声压值至多只应低 10 dB,以使任何方向上的可听距离至少是轴线前方上可听距离的一半。声压级应在决定可听距离的 1/3 倍频带中测定。

（5）号笛的安置

当方向性号笛作为船上唯一的号笛使用时,其安装应使最大声强朝着正前方。号笛应安置在船上尽可能高的地方,使发出的声音少受遮蔽物的阻截,并使人员听觉受损害的危险降到最低程度。在船上收听站听到本船声号的声压级不应超过 110 dB。并应尽可能不超过 100 dB。

# 内　陆

## 附件 C-续

表 86.01(3)

| Length of vessel in meters | 1/3-octave band level at 1 meter in dB referred to $2 \times 10^{-5}$ N/m$^2$ | Audibility range in nautical miles |
|---|---|---|
| 200 or more | 143 | 2 |
| 75 but less than 200 | 138 | 1.5 |
| 20 but less than 75 | 130 | 1 |
| Less than 20 | 120[①]<br>115[②]<br>111[③] | 0.5 |

①当测得的频率在 180-450 Hz 范围内时。
②当测得的频率在 450-800 Hz 范围内时。
③当测得的频率在 800-2 100 Hz 范围内时。

(4)方向性

方向性号笛的声压值,在轴线±45°内的任何水平方向上,比轴线上的规定声压级至多只应低 4 dB,在任何其他水平方向上的声压级,比轴线上的规定声压值至多只应低 10 dB,以使任何方向上的可听距离至少是轴线前方上可听距离的一半。声压级应在决定可听距离的 1/3 倍频带中测定。

(5)号笛的安置

当方向性号笛作为船上唯一的号笛使用时,其安装应使最大声强朝着正前方。号笛应安置在船上尽可能高的地方,使发出的声音少受遮蔽物的阻截,并使人员听觉受损害的危险降到最低程度。在船上收听点听到本船声号的声压级不应超过 110 dB。并应尽可能不超过 100 dB。

# 国　　际

## 附录 C-续

（6）一个以上号笛的配置

如各号笛配置的间距大于100 m,则应作出安排使其不致同时鸣放。

（7）组合号笛系统

如果由于遮蔽物的存在,以致单一号笛或本节（6）所指号笛之一的声场可能有一个声压值大为降低的区域时,建议用一组合号笛系统以克服这种降低。就本规则而言,组合号笛系统作为单一号笛论。组合系统中各号笛的间距应不大于100 m,并应作出安排使其同时鸣放。任一号笛的频率应与其他号笛频率至少相差10 Hz。

2. 号钟和号锣

（1）声号的强度

号钟、号锣或其他具有类似声音特性的器具所发出的声压值,在距它1 m处,应不少于110 dB。

（2）构造

号钟和号锣应用抗蚀材料制成,其设计应能使之发出清晰的音调。长度为20 m或20 m以上的船舶,号钟口的直径应不小于300 mm。在可行的情况下,建议使用电动撞针,以确保恒力,但应可以手动操作。撞针的质量应不小于号钟质量的3%。

3. 批准

声号器具的构造性能及其在船上的安装,应符合船旗国相关主管机关的要求。

# 内　陆

## 附录 C-续

(6)一个以上号笛的配置

如各号笛配置的间距大于 100 m,则应作出安排使其不致同时鸣放。

(7)组合号笛系统①

①组合号笛系统是多个号笛(声发射源)一起操作。就第 E 分章中的规则而言,组合号笛系统应视为单个号笛。

②组合号笛系统应:

a.距离不超过 100 m;

b.同时发声;

c.每一个的基频与其他的基频相差至少 10 Hz;

d.具有适合于船只长度的音调特性,该音调特性应由基频在本节第(2)条规定限值内的组合系统中至少三分之二的号笛声来证明,或者如果组合系统中只有两个号笛,在本节第(2)段落中规定的限值范围内的较高基频。

(8)拖船鸣笛。通常顶推进或旁推的机动船舶可始终使用号笛,其特征在本节第(2)段规定的范围内,适用于船舶及其拖带物的最长惯常复合长度。

### §86.02 号钟或号锣

(1)声号的强度

号钟、号锣或其他具有类似声音特性的器具所发出的声压级, 在距它 1 m 处,应不少于 110 dB。

(2)构造

号钟和号锣应用抗蚀材料制成,其设计应能使之发出清晰的音调。长度为 20 m或 20 m 以上的船舶,号钟口的直径应不小于 300 mm。在可行的情况下,建议使用电动撞针,以确保恒力,但应可以手动操作。撞针的质量应不小于号钟质量的 3%。

### §86.03 批准。[保留]。

---

① 　如果由于存在屏蔽物,本节(6)段中提及的单个汽笛或其中一个号笛的声场可能具有信号电平大幅降低的区域,则应安装组合号笛系统,以克服这种障碍。

---

# 国　　际

## 附录 D　遇险信号

1.下列信号,无论是一起使用还是单独使用或显示,均表示遇险和需要救助:

(1)每隔约 1 min 鸣炮或燃放其他爆炸信号一次;

(2)以任何雾号器具连续发声;

(3)以短的间隔,每次放一个抛射红星的火箭或信号弹;

(4)无线电报或任何其他通信方法发出莫尔斯码(SOS)的信号;

(5)无线电话发出"求救"(MAYDAY)的语言信号;

(6)《国际简语信号规则》中表示遇险的信号 N. C.;

(7)由一面方旗放在一个球体或任何类似球形物体的上方或下方所组成的信号;

(8)船上的火焰(如从燃着的柏油桶、油桶等发出的火焰);

(9)火箭降落伞式或手持式的红色突耀火光;

(10)放出橙色烟雾的烟雾信号;

(11)两臂侧伸,缓慢而重复地上下摆动;

(12)通过数字选择呼叫(DSC)发送的遇险警报:

①VHF 信道 70;

②频率为 2 187.5 KHz、8 414.5 KHz、4 207.5 KHz、6 312 KHz、12 577 KHz 或 16 804.5 KHz 的中频/高频;

(13)船舶的国际海事卫星组织或其他移动卫星服务提供商船舶地球站发送的船对岸遇险警报;

(14)由无线电应急示位标发出的信号;

(15)无线电通信系统发出的经认可的信号,包括救生艇筏雷达应答器。

# 内 陆

## 附录 D 遇险信号

**§87.1 求助信号**

下列信号,无论是一起使用还是单独使用或显示,均表示遇险和需要援救助:

(1)每隔约 1 min 鸣炮或燃放其他爆炸信号一次;

(2)以任何雾号器具连续发声;

(3)以短的间隔,每次放一个抛射红星的火箭或信号弹;

(4)无线电报或任何其他通信方法发出莫尔斯码(SOS)的信号;

(5)无线电话发出"求救"(MAYDAY)的语言信号;

(6)《国际简语信号规则》中表示遇险的信号 N. C. ;

(7)由一面方旗放在一个球体或任何类似球形物体的上方或下方所组成的信号;

(8)船上的火焰(如从燃着的柏油桶、油桶等发出的火焰);

(9)火箭降落伞式或手持式的红色突耀火光;

(10)放出橙色烟雾的烟雾信号;

(11)两臂侧伸,缓慢而重复地上下摆动;

(12)通过数字选择呼叫(DSC)发送的遇险警报:

①VHF 信道 70;

②频率为 2 187.5 KHz、8 414.5 KHz、4 207.5 KHz、6 312 KHz、12 577 KHz 或 16 804.5 KHz 的中频/高频;

(13)船舶的国际海事卫星组织或其他移动卫星服务提供商船舶地球站发送的船对岸遇险警报;

(14)由无线电应急示位标发出的信号;

(15)无线电通信系统发出的经认可的信号,包括救生艇筏雷达应答器。

(16)以每分钟 50 至 70 次的规则间隔闪烁的高强度白光。

# 国　　际

## 附录 D-续

2.除为表示遇险需要救助外,禁止使用或显示上述任何信号,以及可能与上述任何相混淆的其他信号。

3.应注意《国际信号规则》的相关部分,《商船搜寻和救生手册》以及下述的信号:

(1)一张橙色帆布上带有一个黑色正方形和圆圈或者其他合适的符号(供空中识别);

(2)海水染色标志。

# 内　　陆

## 附录 D-续

### §87.02 专用

除非是为了表示遇险和需要救助,否则禁止使用或显示上述任何信号,以及使用可能与上述任何信号混淆的其他信号。

### §87.03 补充信号

请注意《国际信号规则》和《商船搜寻和救生手册》第三卷、《国际电信联盟无线电条例》的相关章节,以及以下信号:

(1)一张橙色帆布上带有一个黑色正方形和圆圈或者其他合适的符号(供空中识别);

(2)海水染色标志。

# 国　　际

## 附录 E　船舶引航规则

［空白］。

# 内　　陆

## 附录 E　船舶引航规则

### §88.01 目的和适用性

本部分适用于在美国内陆水域作业的所有船舶,以及在与加拿大法律不冲突的情况下在五大湖加拿大水域作业的美国船舶。

### §88.03 定义

本部分中使用的术语与本分章第 83 部分中定义的术语具有相同的含义

### §88.05 执法船只

1.执法船只在进行直接执法或公共安全活动时可能会显示闪烁的蓝光号灯。该号灯的位置必须确保其不会干扰船舶导航灯的可见性。

2.本节所述的蓝光号灯可能由美国联邦及各州及其政治分支机构的执法船只显示。

### §88.07 公共安全活动

1.从事政府批准的公共安全活动的船舶和执行类似功能的商业船舶可能会显示交替闪烁的红色和黄色灯光信号。该识别号灯的位置必须确保其不会干扰船舶导航灯的可见性。识别号灯信号仅用作识别信号,并且不代表特权。在公共安全活动中使用识别号灯信号的船舶必须遵守内河航行规则,不得假定号灯或紧急情况给予其优先权或通行权。

2.公共安全活动包括但不限于:海上游行巡逻、划船比赛或特殊的水上庆祝活动、交通管制、打捞消防、医疗援助、协助丧失航行能力的船只,以及搜索和救援。

# 国　　际

## 解释性规则
## 美国《联邦法规》第 33 篇 第 82 节

### §82.1 目的

本部分包含关于海岸警卫队为指导公众而采用的《1972 年国际海上避碰规则》的解释性规则。

### §82.3 推进船只和被推进船只复合体

《1972 年国际海上避碰规则》的规则 24,2 款规定,当推进船和被推进船刚性连接在一个组合体时,它们被视为机动船舶,必须根据规则 23 的规定显示号灯。"复合体"被解释为通过机械方式与被推动的船舶刚性连接的推动船舶,因此它们作为一艘船舶对海洋和涌浪作出反应。

"机械装置"不包括以下内容:电话线、缆索、电线、锁链。

### §82.5 系泊船舶的号灯

针对《1972 年国际海上避碰规则》规则 30 而言,锚泊船舶包括固定在一个或多个系泊浮标或其他类似装置上的驳船,这些浮标或装置连接在海床或河底。根据规定,此类驳船可作为锚泊船舶进行照明,或在拐角处进行照明。

### §82.7 无人驾驶驳船的舷灯

被拖曳的无人驳船可使用《1972 年国际海上避碰规则》规则 24,第 8 款的例外情况。然而,该例外仅适用于垂直光弧区要求。

# 内　陆

## 解释性规则
## 美国《联邦法规》第 33 篇 第 90 节

### §90.1 目的

本部分包含《内陆规则》的解释性规则。这些解释性规则旨在作为帮助公众和促进遵守内陆规则的指南。

### §90.3 推进船只和被推进船只复合装置

《内陆规则》规则 24,2 款规定,当推进船只和被推进船只刚性连接在一个组合体时,它们被视为机动船舶,必须显示规则 23 规定的号灯。"复合体"是指推进船只和被向前推进船只的组合,通过机械方式刚性连接,使其作为一艘船舶对海洋和涌浪作出反应。机械装置不包括电话线、电线、缆索或锁链。

### §90.5 系泊船舶

锚定船舶包括固定在一个或多个系泊浮标或连接到海底的其他类似装置上的船舶。根据规定,此类船舶可作为锚泊船舶进行照明,或在船角进行照明。

### §90.7 无人驾驶驳船

被拖曳的无人驳船可使用《国际海上避碰规则》规则 24,8 款的例外情况。然而,该特例仅适用于垂直光弧区要求。

# 国　　际

## 处 罚 规 定
## 《美国法典》第 33 编 1608 节
## （33 U. S. C. 1608）

1. 船舶经营人的违约责任

根据本章规定,任何人违反本章或本编第 1607 节颁布的任何法规操作船舶,每违反一次,应处以不超过 5 000 美元的民事罚款。

2. 船舶违约责任;扣押船只

除用于非商业目的的公共船舶外,受本章规定约束的每艘违反本章或根据本编第 1607 节颁布的任何法规运营的船舶,每违反一次,应处以不超过 5 000 美元的民事罚款,可在任何发现该船舶地区的美国地区法院扣押并起诉该船舶。

3. 处罚评估;通知处罚;听证会;刑罚的减免、减轻和折衷;托收行动

海岸警卫队所在部门的助理可评估本节授权的任何民事处罚。在向被指控人或被指控船只的所有人(视情况而定)发出有关违规行为的通知并提供听证机会之前,不得评估此类处罚。如果有正当理由,助理可以免除、减轻或折衷任何评估的处罚。如果被指控人或被指控船只的所有人未能支付可能已减轻或妥协的评估罚款,海岸警卫队所在部门的助理可要求总检察长在美国适当的地方法院提起诉讼以收取评估罚款,而不考虑所涉金额,以及可能相应的其他救济。

# 内　　陆

## 处罚规定
## 《美国法典》第 33 编 2072 节

1. 经营者的民事处罚责任

任何操作船舶的人违反本章或根据本章发布的任何法规,或违反根据规则一发布的替代合规证书,每违反一次,将被处以不超过 5 000 美元的民事罚款。

2. 船舶的民事处罚责任:扣押船只

除用于非商业目的的公共船舶外,受本章约束的任何船舶,如果违反本章或根据本章发布的任何条例,或违反根据规则一发布的替代合规证书,则每违反一项,应处以不超过 5 000 美元的民事罚款,可在任何发现该船只所在地区的美国地区法院对该船只进行扣押和起诉。

3. 海岸警卫队部门助理对民事处罚的评估:托收

海岸警卫队部门助理可评估本节授权的任何民事处罚。在向被指控人或被指控船只的所有人(视情况而定)发出有关违规行为的通知并提供听证机会之前,不得评估此类处罚。如果有正当理由,部长可以免除、减轻或妥协任何评估的处罚。如果被指控人或被指控船只的所有人未能支付可能已减轻或妥协的评估罚款,海岸警卫队部门助理可要求总检察长在美国适当的地方法院提起诉讼,以收取评估罚款,而不考虑所涉金额,以及可能相应的其他救济。

4. 扣留清关

(1) 如果船舶的任何所有人、经营人或负责人根据本节规定负有罚款责任,或如果有正当理由相信该所有人、运营人或负责人员可能根据本节受到罚款,总检察长可以应海岸警卫队部门助理的要求,拒绝或撤销《美国法典》第 46 编第 60105 节要求的任何许可。

(2) 根据本款被拒绝或撤销的许可证可在提交令部长满意的保证金或其他担保后重新授予。

# 实施规则

## 替代合规证书
## 美国《联邦法规》第 33 编 81,89 节

尽管国际和内陆规则的替代合规程序包含在《联邦法规》的两个不同部分(美国《联邦法规》第 33 编 81,89 节),但其内容是相同的。

1. 定义
2. 总则
3. 申请替代合规证书
4. 替代合规证书:内容
5. 替代合规证书:终止
6. 特殊结构或用途船只的认证记录。

### § 81.1 ┃ § 89.1 定义

如本部分所用:

《1972 年国际海上避碰规则》是指 1972 年 10 月 20 日在伦敦制定的《1972 年国际海上避碰规则》,经 1973 年 12 月 1 日口头程序修订。

《内陆规则》是指 1980 年《内陆导航规则法》(Pub. L. 96-591) 中包含的《内陆航行规则》以及根据该法制定的技术附件。特殊结构或用途的船只是指设计或改装为执行特殊功能的船只,其布置因此相对不灵活,因为当根据 1972 年《国际海上避碰规则》或《内陆规则》安装或使用号灯、号型或声音信号装置时,会对船舶的特殊功能造成干扰,从而妨碍或严重阻碍船舶的正常运行。

### § 81.3 ┃ § 89.3 总则

特殊结构或用途的船舶在不影响其特殊功能的情况下,不能完全符合《1972 年国际海上避碰规则》或《内陆规则》的号灯、号型和声音信号规定的,则可以满足替代要求。每个海岸警卫队地区办事处的海上安全处处长作出此项决定,并要求备选方案尽可能符合《1972 年国际海上避碰规则》或《内陆规则》。这些法规规定了认证船舶替代合规性的程序。 § 81.5、81.18、89.5 和 89.19 中的信息收集和记

录保存要求已由管理和预算办公室根据其控制文件(OMB-1625-0019)批准。

**§81.5 | §89.5 申请替代合规证书**

1. 具有特殊结构或用途的船舶的所有人、建造人、经营人或代理人如果认为该船舶在不干扰其特殊功能的情况下不能完全符合《1972 年国际海上避碰规则》或《内陆规则》的号灯、号型或声音信号规定,可申请确定替代合规性是合理的。申请必须以书面形式提交给船舶建造或运营所在地海岸警卫队辖区的海上安全处处长,其内容应包括以下信息。

(1)申请人的姓名、地址和电话号码。

(2)通过以下方式识别船舶:

①官方号码;

②船厂船体编号;

③船体识别号;

④国家编号(如果船舶没有官方编号或船体识别号)。

(3)船名和母港(如已知)。

(4)船舶作业区域的描述。

(5)寻求替代合规证书的条款说明,包括:

①替代合规证书依据的《1972 年国际海上避碰规则》或《内陆规则》或附件章节号;

②对完全遵守该规则或附件一节的规定将受到干扰的船舶特殊功能的说明;

③说明完全合规将如何影响船舶的特殊功能。

(6)最符合适用《1972 年国际海上避碰规则》或《内陆规则》或附件章节的替代安装说明。

(7)船舶平面图副本或准确的比例图,该图应清楚显示:

①根据《1972 年国际海上避碰规则》或《内陆规则》要求的设备安装;

②正在申请认证的设备的拟议安装;

③安装在以下位置时可能干扰设备的任何障碍物:

(a)所需位置;以及

(b)建议的位置。

2. 海岸警卫队可要求申请人提供有关申请的其他信息

# 替代合规证书－续

### §81.9 ｜§89.9 替代合规证书:内容

海岸警卫队海洋安全处处长根据确定船舶不能完全遵守《1972 年国际海上避碰规则》或《内陆规则》的号灯、号型和声音信号规定而不干扰其特殊功能的决定,向船舶颁发替代合性证书。本证书内容包括以下内容。

1. 根据§91.5(a)(2)或 89.5(a)(2)规定申请提供的船舶标识;

2. 证书授权替代合规性依据《1972 年国际海上避碰规则》或《内陆规则》的规定;

3. 证明船舶在不干扰其特殊功能的情况下无法完全符合《1972 年国际海上避碰规则》或《内陆规则》的号灯、号型和声音信号要求的证明;

4. 说明为何完全合规会干扰船舶的特殊功能;

5. 所需的替代安装;

6. 说明所需替代装置尽可能符合《1972 年国际海上避碰规则》或《内陆规则》,且不影响船舶的特殊功能的声明;

7. 发行日期;

8. 当船舶停止从事签发证书的作业时,替代合规证书终止的声明。

### §81.17 ｜§89.17 替代合规证书:终止

如果根据§81.5(a)／§89.5(a)提供的信息或根据§81.9／§89.9 颁发的证书不再适用于该船舶,则替代合规证书终止。

### §81.18 ｜§89.18[特殊结构或用途船舶的认证通知和记录]

**[仅限避碰规则中方括号内的文本]**

1. 根据《美国法典》第 33 编第 1605 节第 3 款之规定,在以下情况下,需在美国《联邦公报》中发布通告:

(1)根据§81.9 节颁发的每份替代合规证书;

(2)海岸警卫队指挥官确定的每艘特殊结构或用途的船舶。

# 实施规则

## 适用特定规则的水域
## 美国《联邦法规》第 33 篇 第 89 节

**§89. 21 目的**

《内陆航行规则》规则 9,1 款②项和规则 14,4 款与规则 15,第 2 款条适用于大湖区,与第 24 款①项一起适用于规则 3 中定义的"西部河流",以及其他特定水域。本子部分的目的是规定《内陆航行规则》规则 9,1 款②项、规则 14,4 款、规则 15,2 款和规则 24,1 款适用的其他水域。

**§89. 25 内陆航行规则第 9 条 1 款(2)项、第 14 条 4 款和第 15 条 2 款适用的水域**

《内陆规则》规则 9,1 款②项和规则 14,4 款与规则 15,2 款适用于五大湖、西部河流和以下指定水域:

1. 田纳西州汤比格比水道

2. 汤比格比河

3. 黑沃里尔河

4. 阿拉巴马河

5. 库萨河

6. 圣路易斯角科克伦桥上方的莫比尔河

7. 弗林特河

8. 查塔胡奇河

9. 阿帕拉契科拉河与杰克逊河交汇处上方

**§89. 27 内陆规则第 24(1) 条适用的水域**

1. 内陆规则 24(1)条款适用于西部河流和 §89.25 第 1 款至第 9 款中列出的指定水域。

2. 内陆规则 24(1)条款适用于从佛罗里达州圣马克至得克萨斯州格兰德河的海湾内河航道,包括摩根城—艾伦港替代航线和加尔维斯顿—弗里波特港截止线,但顶推推进或旁拖的机动船舶在以下区域过境时应显示内陆规则第 24 条 3 款要求的号灯：

（1）圣安德鲁斯湾从哈维船闸以东（EHL）284.6 mi 处的哈撒韦固定桥到 295.4 mi 处的杜邦固定桥；

（2）彭萨科拉湾、圣罗莎湾和大泻湖，从哈维船闸以东（EHL）176.9 mi 处特劳特角的 10 号航灯到哈维船闸以东（EHL）189.1 mi 的彭萨科勒固定桥；

（3）多芬岛铜锣湾的莫比尔湾和邦塞库尔湾位于哈维船闸以东（EHL）127.7 mi 处的固定桥至哈维船闸以东（EHL）140 mi 处的波里特克莱尔；

（4）密西西比湾从格兰德岛航道在维船闸以东（EHL）53.8 mi 处 1 号航灯，到在维船闸以东（EHL）118.7 mi 处多芬岛西点附近亮 40 号航灯；

（5）新奥尔良的密西西比河、密西西比河海湾出口运河和哈维运河与阿尔及尔河交汇处的内港航道，哈维船闸以西（WHL）6.5 mi 处的备选路线，至 18 mi 处的 m 丘德运河；

（6）从哈维船闸以西（WHL）238.6 mi 处的加尔卡休船闸到哈维船闸以西（WHL）243.6 mi 处的埃伦德升降桥的加尔卡休河；

（7）萨宾·内切斯运河从 262.5 mi 至 291.5 mi；

（8）从哈维船闸以西（WHL）346 mi 的玻利瓦尔装港池到哈维船闸以西（WHL）357.3 mi 处的加尔维斯顿堤道桥的玻利瓦公路；

（9）弗里波特港从哈维船闸以西（WHL）393.8 mi 处的冲浪海滩固定桥到哈维船闸以西（WHL）397.6 mi 处的布莱恩海滩浮桥；

（10）从哈维船闸以西（WHL）468.7 mi 处的"K"航迹灯到哈维船闸以西（WHL）472.2 mi 的奥康纳港码头的马塔戈尔达湾的马塔哥尔达航道区域；

（11）科珀斯克里斯蒂湾从红鱼湾"55"号日间信标至 537.4 n mile（当位于海湾内海岸航道主航道时），或从利迪娅·安岛北端至 531.1A mi（当位于墨西哥湾内海岸航道备用航道时），至 543.7 mi 处科珀斯克利斯蒂湾（LT 76）；

（12）帕德雷岛堤道固定桥以南的伊莎贝尔港和布朗斯维尔航道，位于哈维船闸以西（WHL）665.1 mi。

# 海上避碰规则分界线

## 美国《联邦法规》第 33 篇 第 80 节

**总则**

**海上避碰规则分界线**

**大西洋海岸**

**第一区**

80.105 缅因州加来至缅因州斯莫尔角

80.110 缅因州卡斯科湾

80.115 缅因州波特兰海角至马萨诸塞州安角

80.120 马萨诸塞州安角至马布尔黑德内克岛

80.125 马萨诸塞州马布尔黑德内克岛至马萨诸塞州纳汉特

80.130 波士顿港入口。

80.135 马萨诸塞州赫尔至马萨诸塞州雷斯角

80.145 马萨诸塞州雷斯角至罗得岛州观山

80.150 罗德岛州布洛克岛

80.155 罗得岛州观山至纽约州蒙托克角

80.160 纽约州蒙托克角至纽约州大西洋海滩

80.165 纽约港

80.170 新泽西州桑迪胡克至新泽西州汤姆河

**第五区**

80.501 新泽西州汤姆河至新泽西州梅角

80.503 特拉华湾

80.505 特拉华州亨洛彭角至弗吉尼亚州查尔斯角

80.510 弗吉尼亚州切萨皮克湾入口

80.515 弗吉尼亚州亨利角至北卡罗来纳州哈特拉斯角

80.520 北卡罗来纳州哈特拉斯角至北卡罗来纳州了望角

80.525 北卡罗莱纳州了望角至北卡罗来纳州恐惧角

80.530 北卡罗来纳州恐惧角至北卡罗来纳州新河口

**第七区**

80.703 南卡罗来纳州利特尔里弗湾至南卡罗来纳州南卡罗曼角

80.707 南卡罗来纳州南卡罗曼角至南卡罗来纳州沙利文岛

80.710 南卡罗来纳州查尔斯顿港

80.712 南卡罗来纳州莫里斯岛至南卡罗莱纳州希尔顿海德岛

80.715 萨凡纳河

80.717 乔治亚州泰比岛至乔治亚州圣西蒙斯岛

80.720 乔治亚州圣西蒙斯岛至佛罗里达州阿梅利亚岛

80.723 佛罗里达州阿梅利亚岛至佛罗里达州卡纳维拉尔角

80.727 佛罗里达州卡纳维拉尔角至佛罗里达州迈阿密海滩

80.730 佛罗里达州迈阿密港

80.735 佛罗里达州迈阿密至佛罗里达州长基

**加勒比群岛**

80.738 波多黎各和维尔京群岛

**墨西哥湾海岸**

**第七区**

80.740 佛罗里达州长岛至佛罗里达州塞布尔角

80.745 佛罗里达州塞布尔角至佛罗里达州马可岛

80.748 佛罗里达州马可岛至佛罗里达州萨尼贝尔岛

80.750 佛罗里达州萨尼贝尔岛至佛罗里达州彼得斯堡

80.753 佛罗里达州彼得斯堡至佛罗里达州安克洛特

80.755 佛罗里达州安克洛特至佛罗里达州太阳海岸群岛

80.757 佛罗里达州太阳海岸群岛至佛罗里达州马蹄角

80.760 佛罗里达州马蹄角号至佛罗里达州罗克岛

**第八区**

80.805 佛罗里达州洛克岛至佛罗里达州圣布拉斯角

80.810 佛罗里达州圣布拉斯角至佛罗里达州佩尔迪多湾

80.815 阿拉巴马州莫比尔湾至洛杉矶钱德勒岛

80.825 洛杉矶密西西比山口

80.830 密洛杉矶西西比山口至洛杉矶奥菲尔角

80.835 洛杉矶奥菲尔角到加利福尼亚州卡丘山口

80.840 德克萨斯州萨宾山口至德克萨斯州加尔维斯顿

80.845 德克萨斯州加尔维斯顿至德克萨斯州自由港

80.850 德克萨斯州布拉索斯河至德克萨斯州格兰德河

## 太平洋海岸

### 第十一区

80.1102 加利福尼亚州圣卡塔琳娜岛

80.1104 加利福尼亚州圣地亚哥港

80.1106 加利福尼亚州使命湾

80.1108 加利福尼亚州海岸港

80.1110 加利福尼亚州丹纳岬港

80.1112 加利福尼亚州纽波特湾

80.1114 加利福尼亚州圣佩德罗湾–安纳海姆

80.1116 加利福尼亚州雷东多港

80.1118 加利福尼亚州滨海德雷

80.1120 加利福尼亚州惠尼姆港

80.1122 加利福尼亚州海峡群岛港

80.1124 加利福尼亚州文图拉码头

80.1126 加利福尼亚州圣巴巴拉港

80.1130 加利福尼亚州圣路易斯奥比斯波湾

80.1132 加利福尼亚州埃斯特罗莫罗湾

80.1134 加利福尼亚州蒙特利港

80.1136 加利福尼亚州莫斯登陆港

80.1138 加利福尼亚州圣克鲁斯港

80.1140 加利福尼亚州半月湾渔港

80.1142 加利福尼亚州旧金山港

80.1144 加利福尼亚州博德加和托马莱斯湾

80.1146 加利福尼亚州阿尔比恩河

80.1148 加利福尼亚州诺约河

80.1150 加利福尼亚州阿卡塔洪堡湾

80.1152 加利福尼亚州新月城港

**第十三区**

80.1305 俄勒冈州切特科河

80.1310 俄勒冈州罗格河

80.1315 俄勒冈州科奎尔河

80.1320 俄勒冈州库斯湾

80.1325 俄勒冈州乌姆普夸河

80.1330 俄勒冈州斯劳河

80.1340 俄勒冈州亚奎纳湾

80.1345 俄勒冈州迪波湾

80.1350 俄勒冈州内特湾

80.1355 俄勒冈州蒂拉穆克湾

80.1360 俄勒冈州内哈勒姆河

80.1365 俄勒冈州/华盛顿州哥伦比亚河入海口

80.1370 华盛顿州威拉帕湾

80.1375 华盛顿州格雷斯港

80.1380 华盛顿州奎拉尤特河

80.1385 胡安德富卡海峡

80.1390 哈罗海峡和格鲁吉亚海峡

80.1395 普吉特湾及邻近水域

**太平洋岛屿**

**第十四区**

80.1410 夏威夷岛免于遵守一般规则

80.1420 夏威夷州瓦胡岛火奴鲁鲁马马拉湾

80.1430 夏威夷州瓦胡岛卡内奥湾

80.1440 夏威夷州考爱岛艾伦港

80.1450 夏威夷州考爱岛纳维利维利港

80.1460 夏威夷州毛伊岛卡胡莱港

80.1470 夏威夷州夏威夷卡瓦海港

80.1480 夏威夷州夏威夷希洛港

80.1490 关岛阿普拉港

80.1495 美国太平洋岛屿属地

阿拉斯加

第十七区

80.1705 阿拉斯加

**海上避碰规则分界线的一般依据**

1.本部分中规定确立了划定海员应遵守《1972 年国际海上避碰规则》(72 COLREGS)的水域和海员应遵守《内河航行规则》水域的分界线。

2.线内水域为内陆规则水域。线外的水域为避碰规则水域。

**大西洋海岸**

第一区

**§80.105 缅因州卡利斯到缅因州斯莫尔角**

《1972 年国际海上避碰规则》适用于从缅因州卡利斯国际大桥到斯莫尔角秃头岛最西南端东海岸的港口、海湾和入海口。

**§80.110 缅因州卡斯科湾**

1.分界线从斯莫尔角秃头岛最西南端到拉格岛最东南;从那里到杰奎什岛的南切线,再从那里到小马克岛纪念碑灯;直至朱厄尔岛的最北端。

2.从朱厄尔岛塔楼划线分界,大致位置为北纬 43°40.6′,西经 70°05.9′,至外格林岛的最东北端。

3.从外格林岛最西南端到公羊岛边缘航灯划线分界;直至波特兰航灯。

**§80.115 缅因州波特航灯至马萨诸塞州安角**

1.除本节中明确描述的内线外,《1972 年国际海上避碰规则》)应适用于缅因州、新罕布什尔州和马萨诸塞州东海岸从波特兰角到安角罗克波特的港口、海湾和入海口。

2.从格里什岛最南端塔楼划线分界,位置约为北纬 43°04.0′,西经 70°41.2′,至鲸背山航灯;从那里延伸到杰弗里角航灯;直至弗罗斯特角的最东北端。

3.从法姆角(Farm Point)最北端到安妮斯库姆港口航灯划线分界。

**§80.120 马萨诸塞州安角至马萨诸塞州马布尔黑德耐克岛**

1.除本节特别描述的内线外,《1972 年国际海上避碰规则》(72 COLREGS)应适用于马萨诸塞州东海岸从安角的大比目鱼角到马布尔黑德内克岛的港口、海湾和入海口。

2.从格洛斯特防波堤灯到双子塔的划线分界,位置约为北纬 42°35.1′,西经 70°41.6′。

3.从盖尔角(Gales Point)最西端到豪斯岛最东端画线分界;从那里到贝克岛

航灯;直至马布尔黑德航灯。

### §80.125 马萨诸塞州马布尔黑德耐克岛至马萨诸塞州纳汉特

《1972 年国际海上避碰规则》适用于马萨诸塞州东海岸的港口、海湾和入海口,从马萨诸塞州马布尔黑德岛到纳汉特最东端的塔楼分界,位置约为北纬 42°25.4′,西经 70°54.6′。

### §80.130 波士顿港入口

从纳汉特最东端塔楼划线分界,位置约为北纬 42°25.4′,西经 70°54.6′,至波士顿"B"号航灯浮标;再到赫尔(Hull)最东端的无线电发射塔,位置大致为北纬 42°16.7′,西经 70°52.6′。

### §80.135 马萨诸塞州赫尔至马萨诸塞州雷斯角

1. 除本节所述的内线外,《1972 年国际海上避碰规则》适用于马萨诸塞州东海岸的港口、海湾和入海口,从赫尔最东端的无线电发射塔开始划线分界直至马萨诸塞州雷斯角,位置大约为北纬 42°16.7′,西经 70°52.6′。

2. 从运河防波堤 4 号航灯向南至海岸线划线分界。

### §80.145 马萨诸塞州雷斯角至罗德岛州观山

1. 除本节中明确描述的内线外,《1972 年国际海上避碰规则》)应适用于沿科德角海岸以及马萨诸塞州和罗德岛州南部海岸从雷斯角到观山的海湾、港湾和入海口。

2. 沿诺布斯卡角航灯到瑙松岛东南侧的篷布湾航灯划线分界;然后从瑙逊岛的最南端沿切线到纳沙韦纳岛的最东端;从纳沙韦纳岛最西南端到卡蒂胡克岛最东端;再从卡蒂胡克岛的西南切线到醋栗颈(Gooseberry Neck)的航灯,位置大约为北纬 41°29.1′,西经 71°02.3′。

3. 从萨康尼特防波堤 2 号航灯划线分界,与 m 德尔敦(Sachuest Point)最南端相切,位置约为北纬 41°28.5′,西经 71°14.8′。

4. 沿穿过布伦顿角和波士顿海岸线之间的海狸尾(Beavertail)航灯划线分界。

### §80.150 罗德岛州布洛克岛

《1972 年国际海上避碰规则》适用于罗德岛州布洛克岛的港口。

### §80.155 罗德岛州观山至纽约州蒙托克角

1. 沿北纬 41°18′13.999″,西经 071°51′30.300″(观山航灯)到渔人岛东岬角(East Point)划线分界。

2. 从北纬 41°14′36.509″,西经 072°02′49.676″的瑞斯礁划线分界(瑞斯礁航灯);从那里到北纬 41°12′2.900,西经 072°06′24.700″(小鸥岛航灯),然后到普拉姆岛的伊斯特波恩特航灯。

3. 从北纬 41°10′16. 704″,西经 072°12′21. 684″至北纬 41°10′17. 262″,西经 072°12′23. 796″(普拉姆岛港口西多芬(West Dolphin)航灯划线分界。

4. 从北纬 41°10′25. 745″,西经 072°12′42. 137″(普拉姆岛航灯)至北纬 41°′09′48. 393″,西经 072°13′25. 014″(奥连特角 Orient Point 航灯)划线分界;直至奥连特角。

5. 从北纬 41°06′35. 100″,西经 072°16′48. 000″(长滩酒吧航灯)至科尼利厄斯角划线分界。

6. 从北纬 41°04′12. 000″,西经 072°16′48. 000″(科克利斯港入海口航灯)至尚能角分界。

7. 从尼科尔角到北纬 41°02′25. 166″,西经 072°15′42. 971″(雪松岛 3CI 航灯)角线分界。

8. 从北纬 41°02′06. 060″,西经 072°11′19. 560″(三哩港西防波堤航灯)至北纬 41°′02′05. 580″,西至 072°11′15. 777″(三哩港东防波堤航灯)划线分界。

9. 从北纬 41°04′44. 210″,西经 071°56′20. 308″(蒙托克西码头 2 号航灯)至北纬 41°04′46. 095″,西至 071°55′14. 168″(蒙塔克东码头 1 号航灯)划线分界。

### §80.160 纽约州蒙托克角至纽约州大西洋海滩

1. 从北纬 40°50′17. 952″,西经 072°28′29. 010″(辛奈考克湾防波堤 2 号航灯)到至北纬 40°,50′23. 490″,西至 072°27′40. 122″(辛奈考克湾防波堤 1 号航灯)划线分界。

2. 从北纬 40°45′47. 763″,西经 072°45′11. 095″(莫里切斯湾防波堤 2 号航灯)至北纬 40°,45′49. 692″,西至 072°25′21. 719″(莫里切斯湾防波堤 1 号航灯)划线分界。

3. 从纽约州火岛的最西端至橡树海滩西端陆地最南端划线分界。

4. 沿北纬 40°34′23. 568″,西经 073°34′32. 364″(琼斯湾航灯),至 322°的直线穿过琼斯湾至海岸线划线分界。

### §80.165 纽约港

从北纬 40°34′23. 568″、西经 073°34′32. 364″(东罗克威湾防波堤航灯)至北纬 40°27′42. 177″、西经 074°00′07. 309″(桑迪胡克航灯)划线分界。

第五区

### §80.501 新泽西州桑迪胡克至新泽西州汤姆斯河

1. 横穿鲨鱼湾向海端划线分界。

2. 横穿马纳斯坎湾向海端划线分界。

3. 横穿巴尼加特湾向海端划线分界。

### §80.502 新泽西州汤姆斯河至新泽西州梅角

1. 沿从长滩岛到普伦岛的向海切线,穿过海滩港湾和小蛋湾,再穿过布里甘丁湾直至布里甘蒂岛的线分界。

2. 从阿布西肯湾向海端划线分界。

3. 从位于北纬 39°17.6′和西经 74°33.1′的隆波特最南端开始,沿大蛋港入口与高水位海岸线总体趋势平行划线分界。

4. 沿与穿过科尔森湾的高水位海岸线总体趋势平行的线分界。

5. 沿汤森湾公路桥中心线形成的线分界。

6. 由七里滩海岸线至北纬 39°00′23.757″,西经 074°47′28.017″(赫里福德湾航灯)划线分界。

7. 沿一条横穿梅角海湾向海端的线分界。

### §80.503 特拉华湾

从梅角到避风港航灯划线分界;直至亨洛彭角的最北端。

### §80.505 特拉华州亨洛彭角至弗吉尼亚州查尔斯角

1. 从印第安河入口北码头向海端至印第安入海口南码头航灯划线分界。

2. 从海洋城入口 6 号航灯 225°真实方位线分界,穿过海洋城入口至淹没的南防波堤。

3. 从阿萨提格海滩航灯到航灯划线分界,位置在北纬 37°52.6′和西经 75°26.7′。

4. 由瓦查普里格湾 3 号航灯,穿过瓦查普里格湾至帕拉莫尔海滩了望塔划线分界。

5. 沿霍格岛北端了望塔至帕拉莫尔海滩向海切线划线分界。

6. 从霍格岛南端望塔沿 207°真实方位线方向穿过大马基蓬湾划线分界。

7. 沿科布岛南端绘制的两个圆顶范围形成的线,横跨沙洲湾入口。

8. 除本节条款从亨洛彭角到查尔斯角的规定外,与穿过小海湾和入口的高水位海岸线的总体趋势平行划线分界。

### §80.510 弗吉尼亚州切萨皮克湾入口

从查尔斯角航灯至亨利角航灯划线分界。

### §80.515 弗吉尼亚州亨利角至北卡罗来纳州哈特拉斯角

1. 从鲁迪湾码头 2 号航灯至落鲁迪湾码头 1 号航灯划线分界。

2. 由横跨俄勒冈州入海口的公路桥中心线划线分界。

### §80.520 北卡罗来纳州哈特拉斯角至北卡罗莱纳州了望角

1. 从北纬 35°11.8′、西经 75°43.9′和 255°的哈特拉斯入口了望塔划线分界,与奥克拉科克岛东端垂直。

2. 从北纬 35°04.0′、西经 76°00.8′的奥克拉科克岛最西端到北纬 35°.03.7′、西纬 76°02.3′的朴茨茅斯岛最东北端划线分界。

3. 沿卓姆入海口(Drum Inlet)划线分界,总体趋势平行于高水位海岸线。

### §80.525 北卡罗来纳州了望角至北卡罗莱纳州恐惧角

1. 沿了望角航灯至沙克福德河岸东南端向海切线分界。

2. 沿莫尔黑德城航迹灯到波弗特湾西码头防波堤向海端的线分界。

3. 从博格河岸最南端(北纬 34°38.7′、西经 77°06.0′)穿过博格湾,至北纬 34°、38.5′、西经度 77°07.1′ 的贝尔海滩最北端划线分界。

4. 从北纬 34°31.5′、西经 77°20.6′的新河入口南侧最东端至新河入口东北侧海岸线分界线。

5. 分界线穿过新顶帆湾,位于进水口两侧最靠近海岸的末端之间,与高水位海岸线的总体趋势平行。

6. 从马森博罗入口东北侧的码头向海端到入口东南侧的码头朝海端划线分界。

7. 除本节其他地方从了望角到恐惧角的规定外,在小海湾和入海口处划线分界,与高水位海岸线的总体趋势平行。

### §80.530 北卡罗来纳州恐惧角至小河流村庄(Little River)入海口

1. 从废弃航灯划线分界,穿过恐惧角河,直至橡树岛航灯,位置大致为北纬 33°52.4′,西经 78°00.1′。

2. 除本节条款从了望角到恐惧角的规定外,在小海湾和入海口处划线分界,分界线与高水位海岸线的总体趋势平行。

第七区

### §80.703 北卡罗来纳州恐惧角至北卡罗来纳州利特尔里弗湾

1. 沿从鸟岛沙嘴最西端穿过利特尔里弗湾到瓦提斯岛最东端的线分界。

2. 从利特尔里弗湾开始划线分界,该线平行于穿过猪湾的高水位海岸线的总体趋势;然后,从默雷尔湾 2 号航灯到默雷尔湾 1 号航灯分界;该线与穿过中途岛海峡、帕利斯海峡和北部湾的高水位海岸线的总体趋势平行。

3. 从温雅湾北码头末端 2N 浮标南部的图示位置至温雅湾南码头划线分界。

4. 沿桑蒂角到雪松岛向海切线划线分界。

5. 从雪松岛向西到墨菲岛的划线分界。

6. 沿开普岛最北端到墨菲岛的贯穿南北的线分界。

### §80.707 南卡罗来纳州罗曼角至南卡罗来纳州沙利文岛

1. 沿罗曼角最西端到浣熊岛最东南端的线分界。

2. 沿浣熊礁最西端到东北角最北端的线分界。

3. 从布尔岛最南端到卡佩斯岛最东端划线分界。

4. 从卡佩斯岛到杜威岛的架空电力电缆形成的线分线,直至杜威岛到棕榈岛的。

架空电力电缆形成的分界线。

5. 沿棕榈岛和沙利文岛之间的公路桥中心线在布利其湾处形成的线分界。

### §80.710 南卡罗来纳州查尔斯顿港

1. 分界线由淹没的北码头海岸至北码头西端。

2. 从查尔斯顿港码头向海端划线分界。

3. 从南部码头的西端穿过查尔斯顿港的南部入口,至淹没的南部码头直至到岸边的线分界。

### §80.712 南加州莫里斯岛至南加州希尔顿海德岛

1. 从福利岛最东端到航灯入口北侧的北纬 32°41′37″,西经 079°53′03″(废弃航灯)划线分界;从那里再到西到莫里斯岛海岸线。

2. 沿佛利岛向海切线穿过斯托诺河到桑迪角海岸线的直线分界。

3. 从西布鲁克岛最南端(257°)划线分界,穿过北埃迪斯托河入口,一直延伸到博塔尼湾岛海岸。

4. 从埃迪斯托海滩上的微波天线塔划线分界,位置大致为北纬 32°29.3′,西经 80°19.2′,穿过圣赫勒拿海峡直至狩猎岛上废弃的航灯。

5. 沿狩猎岛和弗里普岛之间公路桥中心线分界。

6. 从卡佩斯岛上牛角点最西端到波多罗亚尔海湾航迹灯的线分界,位于北纬 32°13.7′,西经 80°36.0′。从那里,259°真实方位线正对着希尔顿海德酒店最东端,位置北纬 32°13.7′,西经 80°40.1′。

### §80.715 萨凡纳河

沿希尔顿海德岛最南端的水池绘划线分界,位置大致为北纬 32°06.7′,西经 80°49.3′,至布兰迪角航迹灯;从那里直至泰比航灯。

### §80.717 乔治亚州泰比岛至乔治亚州圣西蒙斯岛

1. 从泰比岛萨凡纳海滩最南端(255°)划线分界,穿过泰比湾,一直延伸到巴克汉莫克溪入口以南的小泰比岛海岸。

2. 沿华沙岛最东北端 031°真实方位线穿过泰比河日 1 号航灯至小泰比岛海岸的直线分界。从华沙岛向海切线至奥萨博岛布拉德利点向海的切线,该线大致平行于高水位海岸线总趋势。

3. 沿奥萨巴岛最南端到圣凯瑟琳岛(西经 81°08.4′)的南北走向线分界。

4. 沿圣凯瑟琳岛最南端到黑胡子岛东北点的南北走向线分界(西经度 81°10.6′)。

5. 沿穿过卡布雷塔湾的向海高水位海岸线的总体趋势的线分界。

6. 沿萨佩洛岛最西南点到沃尔夫岛的南北线分界(西经 81°16.9′)。

7. 沿沃尔夫岛最东南角到小圣西蒙斯岛最东北角的南北线分界(西经 81°17.1′)。

8. 从海岛 045°真实方位线最东北端至小圣西蒙斯岛的线分界。

9. 沿海洋岛最南端穿过古尔德湾到圣西蒙斯岛的东西走向线分界。

### §80.720 佐治亚州圣西蒙斯岛至佛罗里达州阿梅利亚岛

1. 沿圣西蒙斯航灯到杰基尔岛最北端水池的直线分界,位置大致为北纬 31°05.9′,西经 81°24.5′。

2. 从杰基尔岛上最南端的水池划线分界,位置大致为北纬 31°01.6′,西经 81°25.2′,至北纬 30°59.4′,西经度 81°23.7′,(圣安德鲁湾 32 号航灯浮标位置以东 0.5 n mile);从那里至小坎伯兰岛北端的废弃航灯,位置大致为北纬 30°58.5′,西经 81°24.8′。

3. 沿穿过圣玛丽湾入口码头向海端的线分界。

### §80.723 佛罗里达州阿梅利亚岛至佛罗里达州卡纳维拉尔角

1. 沿阿梅利亚岛最南端至小塔尔博特岛最东北端的线分界。

2. 沿小塔尔博特岛到乔治堡岛的公路桥中心线形成的直线分界。

3. 沿横穿圣约翰河入海口码头向海端的线分界。

4. 沿穿过圣奥古斯丁湾入口码头向海端的线分界。

5. 沿马坦萨斯湾公路桥中心线形成的一条线分界。

6. 沿横穿庞塞德莱昂湾码头向海端的线分界。

### §80.727 佛罗里达州卡纳维拉尔角至佛罗里达州迈阿密海滩

1. 沿穿过卡纳维拉尔港入口航道码头向海端的线分界。

2. 沿穿过塞巴斯蒂安湾码头向海端的线分界。

3. 沿穿过皮尔斯堡湾码头向海端的线分界。

4. 沿横穿圣卢西湾的南北线(西经80°09.7′)分界。

5. 从朱庇特湾北侧码头的向海端到朱庇特湾南侧混凝土护堤的东北端划线分界。

6. 沿穿过沃思湖入口码头向海端的线分界。

7. 沿穿过博因顿湾码头向海端的线分界。

8. 沿博卡拉顿湾北码头 2 号航灯至博卡拉顿湾南码头 1 号航灯的线分界。

9. 沿希尔斯博罗湾入口航灯到希尔斯博罗湾 2 号航灯的线分界;再到希尔斯博罗湾 1 号航灯;从那里向西直至海岸线。

10. 沿穿过大沼泽地港入口码头向海端的线分界。

11. 沿贝克哈罗湾公路桥中心线形成的一条线分界。

### §80.730 佛罗里达州迈阿密港

沿横穿迈阿密港卡文卡特码头向海端的线分界。

### §80.735 佛罗里达州迈阿密至佛罗里达州长基

1. 从费舍岛最南端 212° 至弗吉尼亚基岛划线分界,位置北纬 25°45.0′,西经 80°08.6′。

2. 沿弗吉尼亚基和比斯坎湾之间公路桥中心线形成的一条线分界。

3. 沿佛罗里达角航灯到礁岛最北端的直线分界。

4. 沿从礁岛最南端到罗杰礁最北端的直线分界。

5. 沿着海岸线向海的总体趋势,从罗杰礁到天使鱼礁岛最南端划线分界。

6. 在跨海公路(U.S.1)和桥梁的中心线上划线分界,位置北纬 25°19.3′,西经 80°16.0′,至小天使鱼溪,直至长礁雷达圆顶,大致位置为北纬 24°49.3′,西经 80±49.2′。

加勒比群岛

第七区

### §80.738 波多黎各和维尔京群岛

1. 除本节特别规定的内线外,《1972 年国际海上避碰规则》适用于波多黎各和美国维尔京群岛的所有其他海湾、港口和泻湖。

2. 沿圣胡安港航灯到位于卡布拉斯岛西北部,穿过圣胡安港口入口的线分界,位置大致在北纬 18°28.5′ 和西经 066°08.4′。

墨西哥湾沿岸

第七区

### §80.740 佛罗里达州长礁至佛罗里达州塞布尔角

从位于北纬 24°48.8′,西经 80°49.6′的长礁上的微波塔划线至长礁 1 号航灯;从那里到昆库 2 号航灯;再到斯普林格河岸 5 号航灯;从那里到纵帆船河岸 6 号航灯;再到牛角河岸 10 号航灯;直至东角 2 航灯;然后穿过东开普戴比肯 1A 公路直至东开普的海岸线。

### §80.745 佛罗里达州塞布尔角至佛罗里达州罗马诺角

1. 沿大陆总体趋势,从东开普的塞布尔角到小鲨鱼河 1 号航灯的高水位海岸线;再到鲨鱼角的最西端;从那里,沿着大陆的总体趋势,穿过哈尼河、宽溪、宽河、罗杰斯河第一湾、查塔姆河和休斯顿河入口的高水位海岸线,在北纬度 25°41.8′,西经 81°17.9′处到达海岸线。

2.《1972 年国际海上避碰规则》适用于万岛周围水域以及查塔姆湾和马尔科岛之间的海湾、溪流、入海口和河流,但本部分特别规定的内线除外。

3. 沿西经 81°20.2′的一条南北线,穿过洛佩兹河入海口。

4. 沿特纳河入海口划线分界,与海岸线的总体走向平行。

5. 沿古德兰 92 号公路桥中心线形成的一条线分界。

### §80.748 佛罗里达州罗马诺角至佛罗里达州萨尼贝尔岛

1. 沿横穿大马可山口的直线分界,与向海、高水位海岸线的总体趋势平行。

2. 从椰子岛真实方位线最西北端穿过卡普里岛海湾划线分界。

3. 沿横穿飓风和小马可河口至海划线分界,与高水位海岸线的总体趋势平行。

4. 从戈登湾南码头 14°真实方位线向海端至海岸线划线分界,大致为北纬 26°05.7′,西经 81°48.1′。

5. 沿横穿多科特湾码头向海端的线分界。

6. 沿威金斯大希、科里、纽卡斯尔和大卡洛斯湾划线分界,与高水位海岸线的总体趋势平行。

7. 沿萨尼贝尔岛航灯穿过马坦萨斯运河 2 号航灯到埃斯特罗岛海岸的直线分界。

### §80.750 佛罗里达州萨尼贝尔岛至佛罗里达州圣彼得斯堡

1. 沿俘虏岛和萨尼贝岛之间的公路桥盲道中心线,以及红鱼和俘虏岛水道划线分界,与高水位海岸线的总体趋势。

2. 从嘉华星涛湾北航灯至博卡格兰德港航灯划线分界。

3. 沿横穿加斯帕里拉湾和斯坦普湾的线分界,与高水位海岸线的总体趋势平行。

4. 沿横穿威尼斯入口码头向海端的线分界。

5. 沿横跨午夜湾的线分界,与高水位海岸线的总体趋势平行。

6. 沿大萨拉索塔湾 14 号航灯划线,直至丽都岛最南端。

7. 分界线穿过新通道,与长船岛的向海的高水位海岸线相切。

8. 分界线横穿长船水道,与向海的高水位海岸线平行。

9. 从豆岬最西北端到埃格蒙礁最东南端划线分界。

10. 从埃格蒙礁航灯穿过埃格蒙海峡航迹灯至莫尔礁海岸线划线分界。

11. 从莫尔礁最北端穿过邦斯航道和南航道划线分界,该线穿过格栅航道 8 号航灯;再通过格栅航道 9 号昼标,直至朗基岛最西南端。

### §80.753 佛罗里达州圣彼得斯堡至佛罗里达州安克洛特

1. 沿横穿宝岛和长岛之间盲道划线分界,与向海的高水位海岸线总体趋势平行。

2. 沿约翰斯和克利尔沃特通道公路桥中心线形成的线路分界。

3. 沿横穿达尼丁和飓风湾的线分界,与向海的高水位海岸线的总体趋势平行。

4. 从蜜月岛最北端至安克洛特锚地南入海口 7 号航灯划线分界;从那里到安克洛特,北纬 28°10.0′西经 82°50.6′;再穿过安克洛特河 B 航迹灯直至海岸线。

### §80.755 佛罗里达州安克洛特至佛罗里达州阳关礁

1. 除本节中特别描述的内线外,《1972 年国际海上避碰规则》适用于从安克洛特到阳关礁的海湾、河道支流、小溪、码头和河流。

2. 沿西经 82°38.3′处划一条南北线分界,穿过查萨霍维茨卡河入口。

### §80.757 佛罗里达州阳关海岸至佛罗里达州马蹄角

1. 除本节中特别描述的内线外,《1972 年国际海上避碰规则》适用于从阳关礁到马蹄角的海湾、河道支流、小溪和码头。

2. 一条沿 44 号公路桥中心线在盐河上形成的线分界。

3. 一条沿水晶河入口 25 号昼标南北走向线分界,穿过河流入海口。

4. 沿佛罗里达驳船运河 48 号昼标,横穿运河的南北向分界线。

5. 一条沿 40 号昼标横穿拉科奇河的南北向分界线。

6. 从南角北面最西端至穿过瓦卡萨萨河入海口的海岸线分界。

7. 从北纬 29°16.6′西经 83°06.7′与霍格岛海岸线成 300°的位置划线分界。

8. 通过苏万尼河划一条南北向分界线,跨越苏万尼河麦格里夫湾的 30 号和 31 号昼标。

### §80.760 佛罗里达州马蹄角至佛罗里达州罗克岛

1. 除本节中特别描述的内线外,《1972 年国际海上避碰规则》适用于马蹄角至岩石岛的海湾、支流、小溪、码头和河流。

2.沿斯坦奇河 21 号航灯的南北向线分界。

3.从芬霍洛韦河向东穿过该河入海口划线分界。

第八区

### §80.805 佛罗里达州岩石岛至佛罗里达州圣布拉斯角

1.沿埃克菲纳河航灯到对岸的南北向线分界。

2.沿甘博角航灯至卡贝尔角最南端划线分界。

3.从圣·马可航迹灯至圣·马可通道 11 号航灯划线分界;再到活橡树角的最南端;从那里沿直线穿过壳点光源到达奥克洛科尼角的最南端;从那里沿经度西经 84°20.5′到达光秃角。

4.从西经 84°22.7′处的西南角南岸至多格岛东航灯划线分界;然后沿直线至狗岛的最东端。

5.沿狗岛最西端到圣乔治岛最东端的直线分界。

6.沿横穿圣乔治岛海峡码头向海端的线分界。

7.从沙岛最西北端到西关 7 号航灯划线分界。

8.沿圣文森特岛最西端至印第安纳半岛东南部高水位海岸线的线,经度为西经 85°13.5′。

### §80.810 佛罗里达州圣布拉斯角至佛罗里达州佩尔迪多湾

1.从圣约瑟夫湾入海口 A 航迹灯穿过圣约瑟夫湾入海口 B 航迹灯直至圣约瑟芬角划线分界。

2.横穿盐溪河口划线,沿海岸线总趋势延伸,穿过河口,直至达克鲁克岛中部的圣安德鲁斯湾。

3.从克鲁克德岛最北端(真实方位线)直至大陆划线分界。

4.沿贝壳岛最东端 120°真实方位线与穿过圣安德鲁斯湾东入口的海岸线成直线分界。

5.沿圣安德鲁斯湾入口码头向海端之间的线分界。

6.沿乔克塔瓦奇湾湾入口码头向海端划线分界。

7.沿北纬 30°19.5′从麦克里堡东西向线,穿过彭萨科拉湾入口。

8.沿佩尔迪多河口码头向海端划线分界。

### §80.815 艾尔州莫比尔湾至洛杉矶钱德勒群岛

1.沿横穿小泻湖的线分界,沿海岸线总趋势延伸。

2.从北纬 30°14′41.4,西经 88°1′26.5(莫比尔岬航灯)至北纬 30°′15′13.3,西

向 88°3′22.6(多芬岛海峡 1 号航灯)到佩利肯角盖恩斯堡东角划线。从多芬岛最西端至小波依斯岛最东端的划线分界。

3. 从霍恩岛入海口射航迹灯(位于小博伊斯岛)到霍恩岛最东端划线分界。

4. 沿霍恩岛最西端至船岛最东端的东西向线分界(北纬 30°14.7′)。

5. 沿着船舶岛向海、高水位海岸线的总体趋势的线分界。

6. 从船岛航灯到钱德勒岛航灯划线分界;然后沿着钱德勒群岛向海的总体趋势,从钱德勒岛到北纬 29°44.1′的岛屿,东经 88°53.0′的岛屿;然后再到北纬 29°26.5′,西经 88°55.6′。

### §80.825 洛杉矶密西西比河口

1. 从北纬 29°26.5′西经 88°55.6′到北纬 29°西经 88°59.8′划线分界;再到北纬 29°03.5′西经 89°03.7′;然后至北纬 28°58.8′西经 89°04.3′。

2. 从北纬 28°58.8′西经 89°04.3′划线分界;至北纬 28°57.3′西经 89°05.3′;然后到北纬 28°56.95′西经 89°05.6′;从那里到北纬 29°00.4′西经 89°09.8′。然后,沿着西北方向的向海高水位海岸线的总体趋势至北纬 29°03.4′西经 89°13.0′;从那里向西至北纬 29°03.5′西经 89°15.5′;再沿向海高水位海岸线的总体趋势,向西南方向延伸至北纬 28°57.7′西经 89°22.3′。

3. 沿北纬 28°57.7′西经 89°22.3′划线分界;至北纬 28°51.4′西经 89°24.5′;从那里到北纬 28°52.65′西经 89°27.1′;然后到达位于北纬 28°54.5′西经 89°26.1′的西南通道西码头的向海端。

### §80.830 从洛杉矶密西西比河口到洛杉矶奥弗角

1. 从位于北纬 28°54.5′和西经 89°26.1′的西南通道西码头向海端划线分界;从那里,沿着北纬 28°58.8′西经 89°23.3′的向海、高水位码头和海岸线的总体趋势,向东北方向延伸至老塔;再到波依斯河口附近的最西点;大致位置为北纬 29°05.2′西经 89°24.3′。除本节另有说明外,沿高水位海岸线的总体趋势的分界线直至奥费尔岛角。

2. 横跨帝国水道入海口码头向海端划线分界。

3. 从大岛群岛最西端沿 194°真实方位线东西向分界,与大岛捕鱼码头航灯一致。

4. 沿贝尔航道码头向海端划线分界。

5. 从廷巴列岛最西端至德涅尔岛最东端划线分界。

6. 沿卡卢湾 13 号航灯穿过卡卢博卡的南北线分界。

7. 沿卡卢湾登船航灯穿过大河口和大河口的入海口 107°真实方位线分界。

177

8.沿 103°真实方位线分界,穿过泰勒河口入海口 2 号航灯,穿过杰克·斯托特河口、泰勒河口、佩利肯湾和西部海湾。

### §80.835 从洛杉矶奥弗角到洛杉矶的卡丘航道

1.从奥弗角到阿查法拉亚海峡 34 号航灯划线分界;从那里到阿查法拉亚海峡 33 号灯航灯;再到达北纬 29°25.0′西经 91°31.7′的阿查法拉亚湾 D 航道灯;从那里到达北纬 29°25.3′西经 91°35.8′的阿查法拉亚海湾 1 号航灯;最后至南角。

2.除本节中另有说明外,沿着墨西哥湾南角和阿查法拉亚海峡之间的河口和运河入海口,沿高水位海岸线的总体趋势划线分界。

3.沿 140°真实方位线,穿过西南通道朱砂湾 4 号航灯,穿过西南水道划线分界。

4.沿横穿过淡水河口运河入海口码头向海端的线分界。

5.从梅门托海峡东码头 6 号航灯至梅门托航道西码头 7 号航灯划线分界。

6.从无线电塔上划线分界,位置大致为北纬 29°45.7′,西经 93°06.3′,横跨梅门托湾 115°真实方位线。

7.沿穿过卡丘水道码头向海端的线分界。

### §80.840 德克萨斯州萨宾航道至德克萨斯州加尔维斯顿

1.沿萨宾航道东码头灯到萨宾航道西码头向海端的线分界。

2.沿小船航道划线分界,穿过萨宾水道东码头和西码头。

3.沿加尔维斯顿(县)普罗维登斯河口公路桥中心线形成的线分界。

### §80.845 德克萨斯州加尔维斯顿至德克萨斯州自由港

1.从加尔维斯顿北码头 6A 航灯至加尔维斯敦南码头 5A 航灯划线分界。

2.沿圣路易斯河口公路桥中心线形成的线分界。

3.沿圣诞湾(雪松湾)和鼓湾入海口处公路桥中心线形成的线分界。

4.沿自由港北码头向海端至自由港入口 6 号航灯划线分界;从那里到自由港入海口 7 号航灯;然后再到达弗里波特南码头的向海端。

### §80.850 德克萨斯州布拉索斯河至德克萨斯州格兰德河

1.除本节另有说明外,分界线延续了穿过布拉索斯河引水渠、圣伯纳德河、雪松湖、布朗雪松河口、科罗拉多河、马塔戈达湾、雪松湾、科珀斯克里斯蒂湾和拉古纳马德雷入海口向海、高水位海岸线的总体趋势。

2.沿横穿马塔戈达航道北码头向海端的线分界。

3.从马塔戈尔达半岛德克罗斯角向海切线至马塔戈尔达航灯的线分界。

4.沿横穿阿兰萨斯山口码头向海端的线分界。

5. 沿曼斯菲尔德港入口码头向海端的线分界。

6. 沿横穿布拉索斯–圣地亚哥通道码头向海端的线分界。

**太平洋海岸**

**第十一区**

### §80.1102 加利福尼亚州圣卡塔琳娜岛

《1972 年国际海上避碰规则》适用于圣卡塔利纳岛港口水域。

### §80.1104 加利福尼亚州圣地亚哥港

从祖尼加码头"V"航灯至祖尼加岛码头"Z"航灯划线分界,直至洛马航灯。

### §80.1106 加利福尼亚州使命湾

沿使命湾南码头 2 号航灯到使命湾北码头 1 号航灯的线分界。

### §80.1108 加利福尼亚州海滨港

沿海滨港南码头 4 号航灯至海滨港防波堤 3 号航灯划线分界。

### §80.1110 加利福尼亚州达纳角港

从达纳角防波堤 4 号航灯到达纳角防波堤 3 号航灯划线分界。

### §80.1112 加利福尼亚州纽波特湾

从纽波特湾东码头 4 号航灯至纽波特湾西码头 3 号航灯划线分界。

### §80.1114 加利福尼亚州圣佩德罗湾—阿纳海姆湾

1. 沿横跨阿纳海姆湾入海口东码头向海端划线分界;直至长滩防波堤东端 1 号航灯。

2. 沿长滩航道入海口 2 号航灯至长滩航灯划线分界。

3. 从洛杉矶主入海口航道 2 号航灯至洛杉矶航灯划线分界。

### §80.1116 加利福尼亚州雷东多港

从雷东多海滩东码头 2 号航灯至雷东多海滩西码头 3 号航灯划线分界。

### §80.1118 加利福尼亚州雷伊码头

1. 从皇家海军防波堤南 1 号航灯到皇家海军防波堤 4 号航灯划线分界。

2. 从皇家海军防波堤北 2 号航灯到皇家海军防波堤 3 号航灯划线分界。

3. 从皇家海军防波堤 4 号航灯至巴洛纳河南码头向海端划线分界。

### §80.1120 加利福尼亚州怀尼米港

从怀尼 m 港东码头 4 号航灯到怀尼米港西码头 3 号航灯划线分界。

### §80.1122 加利福尼亚州海峡群岛港

(a)从海峡群岛港南码头 2 号航灯到海峡群岛港防波堤南 1 号航灯划线分界。

(b)从海峡群岛港防波堤北航灯至海峡群岛港北码头 5 号航灯划线分界。

### §80.1124 加利福尼亚州文图拉码头

从文图拉码头南 6 号航灯到文图拉港口防波堤南码头 3 号航灯划线分界;直至文图拉码头北 7 号码头。

### §80.1126 加利福尼亚州圣巴巴拉港

从圣巴巴拉港 4 号航灯圣至巴巴拉港防波堤航灯划线分界。

### §80.1130 加利福尼亚州圣路易斯奥比斯波湾

从化石角最南端到捕鲸岛防波堤向海端划线分界。

### §80.1132 加利福尼亚州埃斯特罗-莫罗湾

从莫罗湾东防波堤向海端至莫罗湾西防波堤航灯划线分界。

### §80.1134 加利福尼亚州蒙特雷港

从蒙特里港 6 号航灯到蒙特雷市政 2 号码头北端划线分界。

### §80.1136 加利福尼亚州莫斯登陆港

从位于莫斯登陆港入口以南 0.3 mi 处的码头向海端至莫斯登陆港(北防波堤向海端划线分界。

### §80.1138 加利福尼亚州圣克鲁斯港

从圣克鲁斯港东防波堤向海端至圣克鲁斯港西防波堤航灯划线分界,直至圣克鲁斯航灯。

### §80.1140 加利福尼亚州望后石港

从望后石港口 6 号航灯至望后石港口入海口航灯划线分界。

### §80.1142 加利福尼亚州旧金山港

沿波尼塔角航灯到海岸的直线分界。

### §80.1144 加利福尼亚州博德加湾和托马莱斯湾

(a)沿沙角到阿瓦利斯海滩的东西线分界。

(b)从博德加港北防波堤向海端至博德加港口入海口 1 号航灯的线分界。

### §80.1146 加利福尼亚州阿尔比恩河

沿穿过阿尔比恩湾的阿尔比恩河 1 号航灯的 030°真实方位线分界。

### §80.1148 加利福尼亚州诺约河

沿诺约河入口 4 号昼标到诺约河入口 5 号航灯划线分界。

### §80.1150 加利福尼亚州洪堡湾阿卡塔

从洪堡湾入口 4 号航灯到洪堡湾入口 3 号航灯划线分界。

## §80.1152 加利福尼亚州新月城港

沿新月城入海口航灯到捕鲸岛最东南端的线分界。

## 十三区

## §80.1305 美国俄勒冈州切托克河

沿横跨切托克河入海口码头向海端划线分界。

## §80.1310 美国俄勒冈州罗格河

沿横穿罗格河入海口码头向海端划线分界。

## §80.1315 美国俄勒冈州科基勒河

沿横跨科基勒河入海口码头向海端划线分界。

## §80.1320 美国俄勒冈州库斯湾

沿横穿库斯湾入口码头向海端划线分界。

## §80.1325 美国俄勒冈州姆普夸河

沿穿过姆普夸河入海口码头向海端划线分界。

## §80.1330 美国俄勒冈州弗洛伦斯河

横跨弗洛伦斯河入海口码头向海端划线分界。

## §80.1335 美国俄勒冈州阿尔塞亚湾

从阿尔塞亚湾入口北面的向海海岸线划线分界,与航道入口成165°夹角。

## §80.1340 美国俄勒冈州亚奎纳湾

沿横跨亚奎纳湾入口码头向海端划线分界。

## §80.1345 美国俄勒冈州德波湾

沿横穿德波湾航道入口划线分界,该线与高水位海岸线的总体趋势平行。

## §80.1350 美国俄勒冈州内塔斯湾

从内塔斯湾南侧海岸最北端向北至对向海岸线划线分界。

## §80.1355 美国俄勒冈州蒂拉穆克湾

沿横跨蒂拉穆克湾入口码头向海端划线分界。

## §80.1360 美国俄勒冈州内哈勒姆河

沿穿过内哈勒姆河入口的高水位海岸线的总体趋势大致平行的线分界。

## §80.1365 哥伦比亚河入海口,俄勒冈州/华盛顿州

从哥伦比亚河北岸码头向海端(水面上)155°真实方位线处划线,与哥伦比亚河南岸码头向海端(水面上)垂直。

### §80.1370 华盛顿州威拉帕湾

在利德贝特角以南 1.6 mi 处划线分界,从威拉帕湾航灯 169.8°真实方位线直至最西端三角地。

### §80.1375 华盛顿州格雷斯港

横跨格雷斯港入口码头向海端(水上)划线分界。

### §80.1380 华盛顿州奎拉尤特河

从奎拉尤特河入口东码头向海端至詹姆斯岛,沿架空电力电缆塔的线划线分界,然后,一直穿过奎拉尤特河入海口 3 号航灯,直至海岸线。

### §80.1385 胡安德富卡海峡

《1972 年国际海上避碰规则》适用于胡安德富卡海峡的所有水域。

### §80.1390 哈罗海峡和乔治亚海峡

《1972 年国际海上避碰规则》适用于哈罗海峡和治亚海峡的所有水域。

### §80.1395 普吉特湾和邻近水域

《1972 年国际海上避碰规则》适用于普吉特湾以及联合湖、华盛顿湖、胡德运河和邻近所有支流的水域。

太平洋岛屿

第十四区

### §80.1410 夏威夷岛豁免一般规则

除非本部分其他章节对瓦胡岛上的马马拉湾和卡内奥赫湾,考爱岛的艾伦港和纳维利湾;毛伊岛上的卡胡鲁港;以及夏威夷的卡瓦莱和希洛港以外,《1972 年国际海上避碰规则》适用于夏威夷岛(包括中途岛)的所有海湾、港口和泻湖。

### §80.1420 夏威夷瓦胡岛马马拉湾

沿北纬 21°17′46.9 西经 158°06′22.2(巴伯斯角航灯)、至北纬 21°西经 15′20.5 和西经 157°48′34.3(钻石头航灯)划线分界。

### §80.1430 夏威夷瓦胡岛卡尼奥赫湾

沿北纬 21°27′44.1 西经 157°45′48.6(金字塔岩航灯)穿过卡内奥赫湾,莫科利岛中心,一直延伸到海岸线划线分界。

### §80.1440 夏威夷考爱岛艾伦港

从北纬 21°53′34.3 西经 159°36′15.6(普洛角航灯)至北纬 21°53′49.0 西经 159°35′27.2 划线分界(哈纳佩佩防波堤 2 号航灯)。

### §80.1450 夏威夷考爱岛那威利威利港

从那威利威利港防波堤向海端至北纬 21°57′23.8 西经 159°20′52.7 划线分界

（考爱角航灯）。

### §80.1460 夏威夷毛伊岛卡胡里港

从北纬 20°54′04.1 西经 156°28′26.8（卡胡里港入海口防波堤 4 号航灯）至北纬 20°西经 156°，西至 156°28′26.8 划线分界（卡胡里港入海口防波堤 4 号航灯）。

### §80.1470 夏威夷卡威哈也港

从北纬 20°02′29.1 西经 155°49′58.2（卡威哈也港）到卡威哈也港南部防波堤向海划线分界。

### §80.1480 夏威夷希洛港

从希洛防港波堤防波堤向海端沿 265°真实方位（防波堤向海侧的延伸）线划线，直至阿莱亚角以北 0.2 n mile 的海岸线。

### §80.1490 关岛阿普拉港

沿奥罗特岛最西端到玻璃防波堤最西端的线分界。

### §80.1495 美国太平洋岛屿属地

《1972 年国际海上避碰规则》适用于美属萨摩亚、贝克、霍兰德、贾维斯、约翰逊、帕尔米拉、斯温斯和威克岛等美国太平洋岛屿属地周围的海湾、港口、泻湖和水域。

**阿拉斯加**

**第十七区**

### §80.1705 阿拉斯加

《1972 年国际海上避碰规则》适用于阿拉斯加的所有海峡、海湾、港口和入海口。

# 船舶的一般操作

## 《美国法典》第 46 编 2301—2307 节

2301 申请

2302 疏忽操作和干扰安全操作的处罚

2303 与海上伤亡救援相关的职责

2303a 严重海难后酒精测试

2304 在海上提供救援的义务

2305 强制令

2306 船舶报告要求

2307 引航员责任限制

船舶交通服务(VTS)引航员

### §2301 申请

除本编第 2304 节和第 2306 节的规定外,本章适用于在美国管辖水域(包括 1988 年 12 月 27 日第 5928 号总统公告所述的美国领海)上运营的船舶,以及在公海上的美国所属船舶。

### §2302 疏忽操作和干扰安全操作的处罚

1. 以疏忽的方式操作船只或干扰船只的安全操作,从而危及他人的生命、肢体或财产的人,如属于休闲船只,应向美国政府处以不超过 5 000 美元的民事罚款;对于任何其他船只,应处以不超过 25 000 美元的民事处罚。

2. 任何人由于以严重疏忽的方式操作船只,导致危及他人的生命、肢体或财产,即属 A 类轻罪。

3. 在操作船舶时,受酒精或危险药物影响的个人违反了美国法律,根据海岸警卫队所属部门助理通过法规规定的标准确定:

(1)应向美国政府支付不超过 5 000 美元的民事罚款;

(2)犯 A 级轻罪。

4. 对于根据本节施加的处罚,该船舶也应承担对物责任,除非该船舶:

（1）由州或州属机构拥有；

（2）主要用于政府目的；

（3）明确标识为该州或所属机构的船只。

5.（1）船舶不得运输政府推动的货物,如果：

①该船舶因违反美国加入的国际安全公约而被海岸警卫队所属部门助理扣留并判定为不达标,海岸警卫队所属部门助理已以电子形式发布包含船舶所有人姓名的扣留和判定通知书；

②船舶经营人不止一次因违反美国加入的国际安全公约而被海岸警卫队所属部门助理扣留并判定为不达标,海岸警卫队所属部门助理应以电子形式发布包括船舶所有人姓名的扣留和判定通知书。

（2）第（1）款中对船舶的禁令于以下较早日期到期：

①以电子形式发布禁令之日后 1 年；

②船舶所有人或经营人就违反拘留所依据的有关国际公约的行为提出上诉时胜诉的任何日期。

（3）本小节中使用的术语"政府推动的货物"是指联邦机构直接签订水运合同的货物,或联邦机构提供融资（或运费）的货物,包括通过赠款、贷款或贷款担保进行融资,从而实现水运的货物。

### §2303 与海上伤亡救援和信息相关的职责

1.涉及海上意外的船只的船长或负责人须：

（1）向每名受害个人提供必要的援助,以使该受害人免受海难造成的危险,只要船长或负责人能够这样做,就不会对船长或个人的船只或船上的个人造成严重危险；

（2）将船长或个人的姓名、地址和船只标识告知负责与伤亡事件相关的任何其他船只的船长或个人、任何受伤人员以及任何受损财产的所有人。

2.违反本节或本节规定条款的个人应处以不超过 1 000 美元的罚款或不超过 2 年的监禁。该船还应向美国政府缴纳对物罚款。

3.遵守本节第 1 小节规定的个人,或在海上事故现场无偿、善意地提供援助而未经被援助个人反对的个人,不承担因提供救助或提供或安排打捞、拖航、医疗或其他援助行为造成的损害赔偿责任,当个人作为普通、合理和谨慎的个体在这种情况下应酌情提供援助。

### §2303a 严重海难后酒精测试

1.海岸警卫队所属部门的助理应制定措施,以确保在发生严重海上伤亡事故

185

后不迟于 2 小时,对船员或其他负责操作船舶其他安全敏感功能的人员进行酒精测试,除非由于与伤亡直接相关的安全原因,无法在该时间内完成此类测试。

2. 第 1 小节中的程序应要求,如果酒精测试不能在伤亡事故发生后 2 小时内完成,则应在第 1 小节的安全问题得到充分解决后尽快进行此类测试,但伤亡事故发生超过 8 小时之后则不需要进行此类测试。

### §2304 海上协助义务

1. (1) 船长或掌管船只的个人有义务向在海上发现的任何有丧生危险的人提供救助,但该救助须在该船长或掌管船舶的个人所能提供的范围内,且不致于对其船舶及船上人员造成严重危险。

(2) 第(1)款不适用于军舰或美国政府拥有的仅用于公共服务的船只。

2. 违反本节规定的船长或个人将被处以不超过 1 000 美元的罚款,不超过 2 年的监禁,或两者并罚。

### §2305 禁令

1. 美国地区法院拥有管辖权,它有权根据美国政府总检察长的请求,强制本章禁止的船舶疏忽操作。

2. 在切实可行的情况下,海岸警卫队所属部门助理须:

(1) 向根据本节被视为禁令救济诉讼对象的任何人发出通知,使其有机会陈述其观点;

(2) 除明知和故意违规外,应给予该人员合理的机会实现合规。

3. 未能根据本节第 2 小节发出通知和提供陈述意见的机会并不妨碍法院给予适当的救济。

### §2306 船舶报告要求

1. (1) 美国船舶的所有人、承租人、经营人或代理人,有理由相信(由于与船舶通讯联系缺失或无他船出现以及任何其他事件)该船舶可能已经沉没或受到威胁,则应立即:

① 通知海岸警卫队;

② 使用所有可用的方法确定船舶的状态。

(2) 当根据本编第 50113 节的授权要求向美国国旗商船位置备案系统报告的船舶的所有人、承租人、经营人或代理人收到船舶的通信后超过 48 小时,船舶所有人、承租人、管理运营商或代理人应立即:

① 通知海岸警卫队;

② 使用所有可用的方法确定船舶的状态。

（3）根据本小节第（1）或（2）款通知海岸警卫队的人员应提供船舶名称和识别号、船上人员姓名以及海岸警卫队可能要求的其他信息。船舶所有人、承租人、管理运营商或代理人还应在根据上述条款向海岸警卫队发出非书面通知后 24 小时内向海岸警卫队提交书面确认。

（4）违反本小节规定的船舶所有人、承租人、管理运营商或代理人应向美国政府承担违反规定期间每天不超过 5 000 美元的民事罚款。

2.（1）要求向系统报告的美国船舶的船长应至少每 48 小时向船舶所有人、承租人、管理运营商或代理人报告一次。

（2）违反本小节规定的船长应向政府缴纳民事罚款，在违规期间，每天的罚款不超过 1 000 美元。

3. 海岸警卫队所属部门助理可制定实施本节的法规。

### § 2307 海岸警卫队船舶交通服务引航员

1. 海岸警卫队船舶航行服务引航行员：在美国海岸警卫队船舶交通服务处执行其职责的任何引航员，在海岸警卫队官员、成员的监督下提供信息、建议或通信协助，除非该引航员的行为或不作为构成重大过失或故意不当行为，否则该引航员或雇员不应对此类协助造成的或与之相关的损害负责。

2. 非联邦船舶交通服务运营商：根据与海岸警卫队正式签署的书面协议运营非联邦船舶运输信息服务或咨询服务的实体，以及代表该实体行事的任何引航员，不对信息、建议，或该实体或引航员在运营或行动期间提供的通信协助负责，除非该实体或引航员的行为或疏忽构成重大过失或存在故意不当行为。

# 船舶驾驶台—驾驶台无线电话条例

## 美国《联邦法规》第 33 编第 26 节

### §26.01 目的

1.本部分的目的是实施《船舶驾驶台—驾驶台无线电话法案》的规定。本部分：

(1)要求使用驾驶台—驾驶台无线电话；

(2)提供海岸警卫队对法案中重要术语含义的解释；

(3)规定了申请豁免和根据法案发布的法规的程序，以及豁免清单。

2.本部分中的任何内容均不免除任何人遵守航路规则和适用的驾驶规则的义务。

### §26.02 定义

就本部分和本法案而言：

本法案是指《船舶驾驶台—驾驶台无线电话法案》，源自《美国法典》第 33 编第 1201—1208 节；

船长是指从船舶甲板一端到另一端测量的长度，但不包括舷弧；

"机动船舶"是指任何由机械推动的船舶；

"助理"是指海岸警卫队所在部门的助理；

"领海"是指本章§2.22.1(1)①中定义的所有水域。

"拖船"是指在船尾、船边或通过顶推推进拖带他船的任何商业船舶。

船舶交通服务(VTS)是指美国海岸警卫队根据本章第161部分实施的旨在提高船舶交通安全和效率并保护环境的服务。船舶交通服务能够与海上交通进行交互,并对船舶交通服务区域内的交通状况做出响应。

"船舶交通服务区"或"VTS区"是指包含本章第161节所述特定VTS服务区的地理区域。为了将责任分配给各个船舶交通中心或确定不同的运营要求,该服务领域可细分为多个部门。

注:尽管监管管辖权仅限于美国的通航水域,但作为进入港口的条件,某些船舶将被鼓励或可能被要求在该区域以外报告,以促进VTS区内的交通管理。

### §26.03 无线电话要求

1. 除非根据§26.09节授予豁免,并且除本节第1款(4)项之规定外,本部分适用于:

(1)航行时每艘20 m或20 m以上的机动船舶;

(2)航行时每艘总吨位100 t及100 t以上,且运载一名或多于一名乘客以供租用的船舶;

(3)每艘长度为26英尺②或26英尺以上的航行中的拖船;

(4)每艘在航道或航道内或附近作业的挖泥船和浮式装置,其作业可能限制或影响其他船舶的航行,但由挖泥船控制的无人或间歇载人浮式装置除外。

2. 本节第1款所述的每艘船舶、挖泥船或浮式装置必须在船上配备无线电话,该无线电话能够从其驾驶台或在挖泥船作业的情况下从其主控制站进行操作,并且能够使用联邦通信委员会指定的用于交换导航信息的发射频率在156-162 MHz频带内的一个或多个频率上发射和接收无线电信号。

3. 本节第2款要求的无线电话必须安装在美国通航水域的上述船舶、挖泥船和移动式电站。

4. 本节第2款要求的无线电话必须能够在VHF FM 22A信道(157.1 MHz)上进行发射和接收信号。

5. 在通过以下任何水域时,本节第1款所述的每艘船舶上还必须配备一部无线电话,能够通过VHF FM67频道(156.375 MHz)进行发射和接收信号:

---

① 美国的通航水域包括:(1)美国领海;(2)受潮汐影响的美国内水;(3)不受潮汐影响的美国内水…[可用于州际或对外贸易…]。参见美国《联邦法规》33篇第2节。

② 1英尺等于0.304 8米。

(1)从美国领海边界,在美国《联邦法规》33 篇 166. 200 节规定的西南关隘安全航道或南关安全航道内,至巴顿鲁日附近 242. 4 miAHP(关口上方)的密西西比河下游;

(2)从美国领海边界及美国《联邦法规》33 篇 166. 200 节中规定的密西西比河海湾出口安全航道内,到该航道与内港航道交汇处的密西西比河海湾出口;

(3)内港航运运河的全程,从其与密西西比河的交汇处到该运河在新西布鲁克行车桥处通往庞恰特雷恩湖的入口。

6. 除本节第 2 款要求的无线电话外,本节第 1 款所述的每艘船舶在船舶交通服务区内的任何水域过境时,船上必须配备一部无线电话,能够在表 161. 12(3)中的 VTS 指定频率上进行发射和接收信号。

注:能够扫描或顺序检测(通常称为"双监视"能力)的单个 VHF FM 无线电将无法满足两台无线电的要求。

### §26. 04 指定频率的使用

1. 任何人不得使用联邦通信委员会根据法案第 8 节《美国法典》第 33 编第 1207 节第 1 款指定的频率来传输除船舶安全航行或必要测试所需信息以外的任何信息。

2. 根据该法案第 5 节要求保持监听值班的每个人应在必要时在指定频率上传输和确认其船舶的意图以及船舶安全航行所需的任何其他信息。

3. 本规则的任何条文不得解释为禁止使用指定频率与海岸电台通讯,以取得或提供船只安全航行所需的资料。

4. 在美国的通航水域,第 13 频道(156. 65 MHz)是根据§26. 05 第 1 款要求监测的指定频率,但在§26. 03 第 5 款规定的区域内,第 67 频道(156. 375 MHz)是附加频率。

5. 在 VTS 区域内的美国通航水域,指定的 VTS 频率是根据§26. 05 要求监测[①]的指定频率。

### §26. 05 无线电的使用

《船舶驾驶台-驾驶台桥无线电话法案》第 5 节规定,本法案要求的无线电话仅供船长或船舶负责人或由船长或负责人指定的驾驶或指挥船舶移动的人员使用,并应在指定频率上保持监听值班。本法案中的任何内容均不得解释为排除使

---

① 根据美国《联邦法规》47 篇 80. 148 节第 2 款,当值班保持在驾驶台-驾驶台频率和指定的 VTS 频率上时,受《驾驶台-驾驶台无线电话法》约束并参与船舶交通服务(VTS)系统的船舶不需要在 16 频道(156. 800 MHz)上进行 VHF 值班。

用便携式无线电话设备以满足本法案的要求。

### §26.06 无线电话的维护,无线电话故障

《船舶驾驶台-驾驶台无线电话法案》第6节规定:

1. 当本法要求具备无线电通话能力时,船舶无线电话设备应保持有效运行状态。如果船舶上携带的无线电话设备因故停止运行,船长应尽全力,尽快将其恢复或使其恢复到有效运行状态。船舶无线电话设备的故障本身不构成违反本法的行为,也不应迫使任何船舶的船长系泊或锚泊其船舶;但是,在船舶航行中应考虑无线电话能力的损失。

### §26.07 通信

根据《美国法典》第33编第1204节,《船舶驾驶台-驾驶台无线电话法案》第5节的规定,任何人不得使用或担任听力值班员的服务,除非该人能够用英语交流。

### §26.08 豁免程序

1. 海岸警卫队指挥官已将授予豁免《船舶驾驶台-驾驶台无线电话法案》和本部分规定的权限重新授予美国海岸警卫队总部海上安全、安保和环境保护助理指挥官,但保留该权限不得进一步重新授予。

2. 任何人可申请豁免遵守法案或本部分的任何规定;

3. 每份申请书必须以书面形式提交给指挥官(CG-DCO-D),必须声明:

(1)申请豁免的法案或本部分的规定;

(2)如果准予豁免,海上航行不会受到不利影响的原因,如果豁免与当地通信系统有关,那么该系统将如何完全符合法案概念的意图,但如果准予免除,则不会符合细节。

### §26.09 豁免清单

1. 在五大湖和连接水域及其支流水域的航行规则(《美国法典》第33卷第241节及以下)管辖的水域上航行的所有船舶,在1975年5月6日之前,不受《驾驶台-驾驶台无线话法案》和本部分的要求。

2. 1980年《内陆航行规则法》(33 U.S.C. 2001及以下)中定义的在大湖区航行的每艘船舶,以及《驾驶台-驾驶台无线话法案》(33 美国 C. 1201-1208)适用的船舶,均免于遵守《美国法典》33 编 1203、1204、1205 节中的要求以及 §§26.03、26.04、26.05、26.06、26.07 节之规定。《美国法典》第33编第1208节第1款适用的每艘船舶和每一个人必须遵守第7、10、11、12、13、15 和16条款以及1973年美利坚合众国和加拿大《关于通过无线电促进大湖区安全的协定》技术条例1-9之条款。

# 船舶交通管理

## 美国《联邦法规》第 33 篇 161 节

**A 部分——船舶交通服务一般规则**

161.1 目的和意图。

161.2 定义。

161.3 适用性。

161.4 执行规则的要求。

161.5 与规则偏差情况的处理。

161.6 优先购买权。

**服务、VTS 措施和操作要求**

161.10 服务。

161.11 VTS 措施。

161.12 船舶操作要求。

161.13 VTS 特殊区域操作要求。

**B 部分——船舶移动报告系统**

161.15 目的和意图。

161.16 适用性。

161.17 定义。

161.18 报告要求。

161.19 航行计划(SP)。

161.20 位置报告(PR)。

161.21 自动报告。

161.22 最终报告(FR)。

161.23 报告豁免。

**C 部分——船舶交通服务和船舶移动报告系统区域和报告点**

161.25 纽约地区的船只交通服务。

161.30 路易斯维尔船舶交通服务处。

161.35 休斯敦/加尔维斯顿的船舶交通服务。

161.40 伯威克湾船舶交通服务。

161.45 圣玛丽河船舶交通服务。

161.50 旧金山船舶交通服务。

161.55 普吉特湾船舶交通服务和胡安·德富卡地区的合作船舶交通服务。

161.60 威廉王子湾船舶交通服务处。

161.65 密西西比河下游的船舶交通服务。

161.70 阿瑟港船舶交通服务。

# A 部分　船舶交通服务
## 一般规则

### §161.1 目的和意图

1. 本部分的目的是颁布实施和执行《港口和水道安全法》(PWSA)某些章节的法规,建立国家船舶交通服务体系,以加强航行、船舶安全和海洋环境保护,并通过减少碰撞、撞击和搁浅的可能性来促进船舶安全航行,以及在下文规定的船舶交通服务区域内与这些事件相关的生命和财产损失。

2. 船舶交通服务(VTS)为海员提供有关航道安全航行的信息。这些信息,加上海员遵守本部分规定的情况,增强了船舶通过拥挤水道或具有特殊危险的水道的安全性。在某些情况下,VTS 系统可发出指令,指挥船舶的移动,以最大限度地降低船舶之间碰撞或财产以及环境损害的风险。

3. 船舶所有人、经营人、承租人、船长或指挥船舶移动的人员应始终对船舶的操作和操纵方式负责,并在任何情况下对船舶的安全航行负责。遵守这些规则或 VTS 的指示始终取决于安全航行的迫切性。

4. 本部分的任何规定均不旨在解除任何船舶、船舶所有人、经营人、承租人、船长因疏忽遵守本部分或任何其他适用法律或法规(例如 1972 年《国际海上避碰规则》或《内河航行规则》)或因疏忽海员通常惯例可能要求的任何预防措施而导致船舶移动的人员,或者根据案件的特殊情况而定。

### §161.2 定义

在本部分中,合作船舶交通服务(CVTS)是指美国和加拿大在毗邻水域内建立并共同运营的船舶交通管理系统。此外,船舶交通服务(CVT)便利了交通流动和锚地管理,避免了管辖权纠纷,并在邻近美国和加拿大的水域发生紧急情况下提供援助。

"危险船舶运行条件"是指与船舶安全航行或操纵能力相关的任何条件,包括但不限于:

(1)船舶操作设备的缺失或故障,如推进装置、舵机、雷达系统、陀螺罗盘、测深装置、自动雷达标绘仪(ARPA)、无线电话、自动识别系统设备、导航照明、声音信号装置或类似设备;

(2)船上任何可能影响航行的情况,如缺少当前海图和出版物、人员短缺或类似情况;

(3)影响或限制可操纵性的船舶特征,如货物或拖带布置、纵倾、负载条件、龙骨下净空或头顶净空、速度能力、功率可用性或可能影响船舶或拖带的主动控制或安全处理的类似特性。

"通航水域"是指 1988 年 12 月 27 日第 5928 号总统公告所规定的美国所有通航水域,包括从美国领海基线向外延伸至 12 n mile 的美国领海。

"预防区"是指包括规定界限内区域在内的路由措施,在该界限内,船舶必须特别谨慎地航行,并在该界限范围内建议交通方向。

"拖船"是指在船尾、船旁或通过顶推拖带的任何商业船舶。

"船舶移动中心"(VMC)是指为该区域内的船舶移动报告系统(VMRS)区域或扇区运行船舶跟踪系统的岸上设施。VMC 不一定具备与海上交通互动的能力或合格人员,也不一定像船舶交通服务(VTS)那样对该地区的交通状况做出反应。

船舶移动报告系统(VMRS)是指用于监测和跟踪船舶移动的强制性报告系统。该系统是通过船只根据本部分规定的既定程序在表 161.12(3)中定义的区域提供信息来实现的。

"船舶移动报告系统(VMRS)用户"是指参与船舶移动报告系统(VMRS)的船舶或船舶所有人、经营人、承租人、船长或指挥船舶移动的人员。

"船舶交通中心"(VTC)是指为船舶交通服务区或该区域内的部门运营船舶交通服务的岸上设施。

"船舶交通服务"(VTS)是指由美国海岸警卫队实施的旨在提高船舶交通安全和效率并保护环境的服务。VTS 具有与海上交通互动的能力,并对 VTS 区域内发生的交通状况做出响应。

船舶交通服务区或 VTS 服务区是指包含特定 VTS 服务区的地理区域。为了将责任分配给各个船舶交通中心或确定不同的运营要求,该服务领域可细分为多个部门。

注:尽管监管管辖权仅限于美国的通航水域,但作为进入港口的条件,某些船舶将被鼓励或可能被要求在该区域以外报告,以促进 VTS 服务区内的交通管理。

"VTS 特殊区域"是指适用特殊操作要求的 VTS 区域内的水道。

"VTS 用户"是指船舶或船舶所有人、经营人、承租人、船长或指挥船舶移动的人员,即:

①根据《船舶驾驶台–驾驶台无线电话法》;

②需要参与船舶交通服务(VTS)区域内的船舶移动报告系统(VMRS)用户。

"VTS 用户手册"是指由船舶交通服务(VTS)编制和分发的手册,旨在向海员提供 VTS 提供的服务说明和现行规则。此外,手册可能包括显示区域和扇区边界的小海图、关于该区域的一般导航信息,以及操作程序、无线电频率、报告规定和其他可能有助于海员在 VTS 区域内航行的信息。

### §161.3 适用性

本子部分的规定应适用于每个船舶交通服务(VTS)用户,也可适用于船舶交通服务(VTS)认为必要的在美国通航水域航行或停泊的任何船舶。

### §161.4 执行规则的要求

每个船舶交通服务(VTS)用户应随身携带并保存一份本规则,以备参考。

注:这些规则包含在《美国海岸引航员、VTS 用户手册》中。该手册可通过联系 VTS 获得,并定期在当地航海通告中发布。国际海事组织(IMO)认可的出版物《VTS 用户手册》和《全球 VTS 指南》包含了额外的信息,可帮助谨慎的海员在适当的 VTS 区域航行。

### §161.5 与规则偏差情况的处理

1. 如果要求延期或在运输开始前预期偏离本部分的任何规定,则必须以书面形式提交给相应的海岸警卫队地区指挥官。在收到书面请求后,如果确定偏差提供了与所需措施所提供的水平相当的安全水平,或者认为是在这种情况下安全航行所必需的机动,则地区指挥官可批准偏差。授权偏差申请必须说明需求,并充分描述所需措施的拟议替代方案。

2. 由于过境期间或过境前发生的情况,要求偏离本部分的任何规定,可向相关的 VTS 主管口头提出申请。应尽可能提前提出偏离请求。在收到请求后,应根据船舶操纵特性、交通密度、雷达联系、环境条件和其他相关信息确定,这种偏差是否提供了与所需措施所提供的水平相当的安全水平,或者是在这种情况下安全航行所需的机动。

### §161.6 优先权

本部分中的规定对同一事项的美国各州法律或法规具有优先权。海岸警卫队在考虑了美国最高法院在《美国诉洛克案》,《美国判例汇编》第 529 卷第 89 页(2000 年)中提出的因素后确定,通过颁布《港口和水道安全法》第 25 章(33 U. S. C. 1221 等),美国国会打算确认海岸警卫队条例优先于美国的州法律或法规中关于港口和水道船舶交通服务的规定。

# 服务、船舶交通服务(VTS)措施和操作要求

## §161.10 服务

为了加强航行和船舶安全,并保护海洋环境,船舶交通服务(VTS)可就VTS区域内报告的情况发布咨询意见,或响应船舶信息请求,包括:

1. 危险条件或情况;

2. 船只阻塞;

3. 交通密度;

4. 环境条件;

5. 航标状态;

6. 预期船只遭遇;

7. 报告的他船名称、类型、位置、危险船舶操作条件(如适用)和预期航行运动;

8. 有效的临时措施;

9. 对当地港口渡轮航线、疏浚等运营和条件的描述;

10. 锚地可用性;

11. 其他信息或特殊情况。

## §161.11 船舶交通服务(VTS)措施

1. VTS可发布措施或指示,以增强航行和船舶安全,并保护海洋环境,包括但不限于:

(1)指定临时报告点和程序;

(2)施加船舶操作要求;

(3)建立船舶交通路线方案。

2. 在船舶拥挤、能见度受限、恶劣天气或其他危险情况下,VTS可通过指定进入、离开或在VTS区域的进出时间来控制、监督或以其他方式管理交通。

## §161.12 船舶操作要求

1. 根据安全航行的需要,船舶交通服务(VTS)用户应遵守VTS制定的所有措施或发布的指示。

2. 如果在特定情况下,VTS用户无法安全遵守VTS发布的措施或指示,则VTS用户只允许在必要的范围内偏离要求,以避免危及人员、财产或环境。并应尽快将偏差报告给VTS。

3. 当不交换语音通信时,VTS用户必须按照本章§26.04第4款的要求,在指

定的 VTS 频率(VTS 和 VMRS 中心、呼号/MMSI、指定频率和监控区域)上保持监听。此外,VTS 用户在接到呼叫时必须迅速响应,并用英语进行沟通。

### §161. 12(3) 的注释

如美国《联邦法规》47 篇 80.148 节第 2 款所述,当值班保持在驾驶台–驾驶台频率和指定的 VTS 频率上时,受《驾驶台–驾驶台无线电话法》约束并参与船舶交通服务(VTS)系统的船舶不需要在第 16 频道(156.800 MHz)上进行甚高频(VHF)值守。

1. VTS 用户应在可行的情况下尽快将以下任何情况通知 VTS:

(1)美国《联邦法规》46 篇 4.05-1 中定义的海难;

(2)参与撞击固定或浮动物体;

(3)本章 §151.15 中定义的污染事件;

(4)助航设备的缺陷或差异;

(5)本章 §160.204 中定义的危险条件

(6)本章第 164 部分要求的船舶设备操作不当;

(7)美国《联邦法规》第 49 篇 176.48 节要求报告的涉及危险材料的情况;

(8)本编 §161.2 中定义的危险船只操作条件。

### §161. 13 船舶交通服务(VTS)特殊区域操作要求

以下操作要求适用于 VTS 特殊区域:

1. 如果在船尾拖带作业,VTS 用户应在安全和良好航行技术允许的情况下使用尽可能短的缆绳。

2. 船舶移动报告系统(VMRS)用户应:

(1)未经 VTS 事先批准,不得进入或驶入该区域;

(2)如果存在危险船舶操作条件或情况,不得进入 VTS 特殊区域;

(3)未经 VTS 事先批准,不得在该区域内对遇、交叉相遇或追越任何其他 VMRS 用户;

(4)在与区域内的任何其他 VMRS 用户对遇、交叉相遇或追越之前,通过指定的驾驶台与驾驶台之间的无线电话频率、预期的导航移动和任何其他必要信息进行沟通,以作出安全通行安排。这一要求并不免除 1972 年《国际海上避碰规则》或《内河航行规则》规定的任何船舶责任。

# B 部分　船舶移动报告系统

### §161.15 目的和意图

1. 船舶移动报告系统(VMRS)是用于监测和跟踪 VTS 或 VMRS 区域内船舶移动的系统。该系统是通过要求船舶按照本部分规定的既定程序或中心的指示提供信息来实现的。

2. 为避免造成不适当的报告负担或不适当地阻塞无线电话频率,报告应仅限于实现船舶移动报告(VMR)目标所必需的信息。这些报告合并为:航行计划、位置和最终报告三份报告。

### §161.16 适用性

除非另有说明,本部分的规定适用于以下船舶和 VMRS 用户:

1. 航行时,每艘长度为 40 m(约 131 英尺)或 40 m 以上的机动船舶;

2. 航行时,每艘长度为 8 m(约 26 英尺)或 8 m 以上的拖船;

3. 在从事 商业运营时,每艘经许可可载客 50 人或 50 人以上的船舶。

### §161.17 定义

如本部分所述:

"中心"是指船舶交通中心或船舶移动中心。

"已发布"是指在广泛分发和公开可用的媒体中可用(例如,VTS 用户手册、轮渡时间表、航海通告)。

### §161.18 报告要求

1. 中心可以:

(1)指示船舶提供表 161.18.1(IMO,标准船舶报告系统)中规定的任何信息;

(2)为无法按指定频率报告的船舶建立其他报告方式;

(3)要求船舶在足够的时间内提交报告,以便提前进行船舶交通规划。

2. 本部分要求的所有报告应在可行的情况下尽快按照指定的频率(VTS 和 VMRS 中心、呼号/MMSI、指定频率和监控区域)实施。

当不进行通信时,VMRS 用户必须按照本章 §26.04 第 4 款所述,在表 161.12 (3)中指定的频率上保持监听。此外,VMRS 用户在接到呼叫时必须立即响应,并用英语进行沟通。

注:如美国《联邦法规》第 47 篇 80.148(2)节所述,当在驾驶台-驾驶台频率和指定的 VTS 频率上保持值班时,受《驾驶台-驾驶台无线电话法》约束并参与船舶

交通服务（VTS）系统的船舶不需要在 16 频道（156.800 MHz）上进行甚高频（VHF）值班。

**表 161.18(1) 国际海事组织(IMO)标准船舶报告系统**

| A | ALPHA | 船舶 | 船只名称、呼号或船台识别号和船旗 |
|---|-------|------|----------------------------|
| B | BRAVO | 事件日期及时间 | 一个 6 位数的组合，给出月份的日期（前两位数）、小时和分钟（后四位数）。（如果使用 UTC 以外的时区） |
| C | CHARLIE | 位置 | 以度和分为单位、以 N(北)或 S(南)为后缀的四位数组，以度和分钟为后缀、以 E(东)或 W(西)为后缀、用度和分表示经度的五位数组； |
| D | DELTA | 位置 | 真实方位（前 3 位数字）和距离（州距离），以 n mile 为单位，与明确标识的地标（州地标）距离。 |
| E | ECHO | 真实航向 | 三位数组合 |
| F | FOXTROT | 速度单位为节和十分之一节 | 三位数组合 |
| G | GOLF | 始发港 | 最后停靠港名称 |
| H | HOTEL | 进入系统的日期、时间和地点 | 进入时间用(B)表示，进入位置用(C)或(D)表示。 |
| I | INDIA | 目的地和预计到达时间 | 港口和日期时间的组合名称，用(B)所示 |
| J | JULIET | 领航员 | 说明船上是否有深海领航员或当地领航员 |
| K | KILO | 退出系统的日期、时间和地点 | 退出时间用(B)表示，退出位置用(C)或(D)表示。 |
| L | LIMA | 无线电 | 以全名说明通信站/频率防护 |
| N | NOVEMBER | 下次报告时间 | 日期时间组合，表示为(B) |
| O | OSCAR | 当前最大静态吃水（m） | 给出 m 和厘 m 的 4 位数组合 |
| P | PAPA | 船上货物 | 货物和任何危险货物以及可能危害人员或环境的有害物质和气体的简要详细信息。 |
| Q | QUEBEC | 缺陷、损坏、缺失或限制 | 缺陷、损坏、缺失或其他限制的简要细节 |

表 161.18(1)（续）

| A | ALPHA | 船舶 | 船只名称、呼号或船台识别号和船旗 |
|---|---|---|---|
| R | ROMEO | 污染或危险品损失描述 | 污染类型（油、化学品等）或落水危险品的简要详情；位置用（C）或（D）表示 |
| S | SIERRA | 气象条件 | 天气和海况的简要详情 |
| T | TANGO | 船舶代表和/或船东 | 提供信息的船舶代表和/或船东的姓名和详情 |
| U | UNIFORM | 船舶尺寸和类型 | 船舶的长度、宽度、吨位和类型等详细信息 |
| V | VICTOR | 医务人员 | 医生，医生助理，护士，没有医生 |
| W | WHISKEY | 船上总人数 | 说明人数 |
| X | XRAY | 杂项 | 任何其他信息。[即，计划操作的详细说明，可能包括：持续时间；有效区域；航行限制；接近船舶的通知程序；拖带操作的意外情况：配置、拖带长度、可用马力等；挖泥船或浮式装置：管道配置、系泊配置、辅助船舶数量等] |

4. 船舶必须报告：

（1）任何与§161.19中定义的航行计划或先前报告的信息的重大偏差；

（2）任何偏离 VTS 发布的措施或船舶交通路线系统的意图。

5. 当本部分要求的报告包括时间信息时，应使用有效的当地时区和 24 小时军用时钟系统提供此类信息。

### §161.19 航行计划（SP）

除非另有规定，否则在 VTS 区域航行前至少 15 min，船舶必须报告：

1. 船舶名称和类型；

2. 位置；

3. 目的地和预计到达时间；

4. 预定航线；

5. 时间和入境点；

6. 本分章§160.204中定义的船载或拖带中的某些危险货物。

### §161.20 位置报告（PR）

船舶必须报告其名称和位置：

1. 进入 VMRS 区域时；

2. 在规定的指定报告点；

3. 当由中心指示时。

### §161.21 自动报告

1. 除非另有指示,否则配备自动识别系统(AIS)的船舶必须向本部分所示的中心连续进行所有电台的自动识别系统(AIS)广播,以代替语音位置报告。

2. 如果自动识别系统(AIS)在 VMRS 区域航行期间或之前无法运行,应尽快将

其恢复至运行状态,并且在恢复之前,船舶必须:

(1)通知中心;

(2)按照本部分§161.20 第 2 款的要求,在指定的报告点进行语音无线电位置报告;

(3)按照中心的指示进行任何其他报告。

### §161.22 最终报告(FR)

船舶必须报告其名称和位置:

1. 到达目的地时;

2. 离开 VTS 区域时

### §161.23 报告豁免

1. 除非另有指示,以下船舶因其作业性质而免于提供位置和最终报告:

(1)按公布的时间表和航线航行的船舶;

(2)在半径不超过 3 n mile 的区域内作业的船舶;

(3)护送另一艘船或协助另他船进行操纵程序的船舶。

2. 本节第 1 款所述的船舶必须:

(1)在 VMRS 区域内航行前至少 5 min 但不超过 15 min 提供航行计划;

(2)如果偏离其公布的时间表超过 15 min 或改变其有限的操作区域,则应编制既定的 VMRS 报告,或按照指示进行报告。

# C 部分　船舶交通服务(VTS)和船舶移动报告系统(VMRS)区域和报告点

注:第 161 部分(纬度和经度)中包含的所有地理坐标均按照 1983 年北美基准(NAD 83)表示。

### §161.25 纽约地区的船舶交通服务

该区域包括下纽约港的通航水域,东面以诺顿角到微风角之间的线为界;在南部,通过连接安布罗斯海峡、斜滩海峡和沙钩海峡的入口浮标与沙钩角的线;东南部,包括北纬 40°25′线以南的桑迪胡克湾水域;然后向西进入拉里坦湾水域,直至拉里坦河铁路公路桥;然后向北,包括阿瑟基尔湾和纽瓦克湾的水域,到达北纬 40°41.9′的莱海河谷拉桥;然后向东,包括范库尔水道和上纽约湾的水域,向北至哈得逊河荷兰隧道通风竖井东西方向(纬度 40°43.7′西经 74°01.6′)的一条线;然后继续向东,经过东河水域,直至窄颈大桥,但不包括哈莱姆河。

注:虽然纽约地区的船舶交通服务(VTSNY)的强制性参与仅限于美国通航水域内的区域,但 VTSNY 将提供这些水域以外的服务。鼓励用户在所需参与区域之外进行报告,以促进 VTS 区域的船舶交通管理,并接受 VTSNY 咨询和/或协助。

### §161.30 路易斯维尔的船舶交通服务

该地区 VTS 区域由麦阿尔平船闸(606.8 mi)和十二里岛(593 mi)之间的俄亥俄河可通航水域组成(仅限于麦卡尔平上游水位达到 13.0 英尺或 13.0 英尺以上时)。

### §161.35 休斯敦/加尔维斯顿的船舶交通服务

1. VTS 区域包括以下主要水道和部分连接水道:加尔维斯顿湾入口通道外滩水道;内滩水道;玻利瓦尔海峡;加尔维斯顿海峡;高尔夫湾和加尔维斯顿自由港从 346 mi 到 352 mi 之间水域;德克萨斯城水道;德克萨斯城回旋水域;德克萨斯城运河回旋水域;休斯敦航道;海湾港海峡;海湾回旋水域;休斯顿回旋水域以及与这些水道相关的表 161.35(2)中的预防区域。

2. 预防区域

**表 161.35(2) 休斯顿/加尔维斯顿预防区域**

| 预防区域名称 | 半径(码) | 中心点 | |
|---|---|---|---|
| | | 纬度 | 经度 |
| 玻利瓦尔路 | 4000 | 29°20.9′N | 94°47.0′W |
| 红鱼酒吧 | 4000 | 29°29.8′N | 94°51.9′W |
| 海湾航道 | 4000 | 29°36.7′N | 94°57.2′W |
| 摩根角 | 2000 | 29°41.0′N | 94°59.0′W |
| 上圣哈辛托湾 | 1000 | 29°42.3′N | 95°01.1′W |
| 贝敦 | 1000 | 29°43.6′N | 95°01.4′W |
| 林奇堡 | 1000 | 29°45.8′N | 95°04.8′W |
| 卡本特湾 | 1000 | 29°45.3′N | 95°05.6′W |
| 哈辛托波特 | 1000 | 29°44.8′N | 95°06.0′W |
| 格林湾 | 1000 | 29°44.8′N | 95°10.2′W |
| 亨廷顿湾 | 1000 | 29°44.3′N | 95°12.1′W |
| 锡姆斯湾 | 1000 | 29°43.2′N | 95°14.4′W |
| 布雷迪岛 | 1000 | 29°43.5′N | 95°16.4′W |
| 布法罗河口 | 1000 | 29°45.0′N | 95°17.3′W |

注:每个预防区域包括一个所示半径的圆形区域。

3. 报告点如表 161.35(3)所示。

**表 161.35(3) 休斯顿/加尔维斯顿 VTS 报告点**

| 指示符 | 地理名称 | 地理描述 | 纬度/经度 | 注释 |
|---|---|---|---|---|
| 1 | Galveston Bay Entrance Channel | Galveston Bay Entrance CH Lighted Buoy (LB) "1C" | 29°18.2′N; 94°37.6′W | |
| 2 | Galveston Bay Entrance Channel | Galveston Bay Entrance Channel (LB) 11 and 12 | 29°20.6′N; 94°44.6′W | |

表 161. 35(3)（续 1）

| 指示符 | 地理名称 | 地理描述 | 纬度/经度 | 注释 |
|---|---|---|---|---|
| E | Bolivar Land Cut | Mile 349 Intracoastal Waterway（ICW） | 29°22. 5′N；94°46. 9′W | Tows entering HSC also report at HSC LB 25 & 26. |
| W | Pelican Cut | Mile 351 ICW | 29°21. 4′N；94°48. 5′W | Tows entering HSC also report at HSC LB 25 & 26. |
| G | Galveston Harbor | Galveston Channel Lt. 2 | 29°20. 2′N；94°46. 6′W | Coast Guard Base. |
| T | Texas City Channel | Texas City Channel Lt. 12 | 29°22. 4′N；94°50. 9′W | |
| X | Houston Ship Channel ICW Intersection | Houston Ship Channel（HSC）LB 25 and 26 | 29°22. 2′N；94°48. 1′W | Tow entering HSC from ICW or Texas Cut Only. |
| 3 | Lower Galveston Bay | HSC Lt. 31 and LB 32 | 29°23. 8′N；94°48. 9′W | |
| 4 | Red Fish Bar | HSC Lt. 53 & 54 | 29°30. 3′N；94°52. 4′W | |
| P | Bayport Ship Channel | Bayport Ship Channel Lt. 8 and 9 | 29°36. 8′N；94°59. 5′W | Bayport Land Cut. |
| 4A | Upper Galveston Bay | HSC Lt. 69 and 70 | 29°34. 7′N；94°55. 8′W | Tows only. |
| 5 | Morgan's Point | HSC Lt. 91 | 29°41. 0′N；94°59. 0′W | |
| 6 | Exxon | HSC Lt. 109A | 29°43. 5′N；95°01. 4′W | |
| 7 | Lynchburg | Ferry crossing | 29°45. 8′N；95°04. 8′W | |

表 161.35（续 2）

| 指示符 | 地理名称 | 地理描述 | 纬度/经度 | 注释 |
|---|---|---|---|---|
| 8 | Shell Oil | Boggy Bayou | 29°44.1′N；95°08.0′W | |
| 9 | Greens Bayou | HSC Lt. 152 | 29°44.8′N；95°10.1′W | |
| 10 | Hunting Bayou | Hunting Bayou Turning Basin. | 29°44.4′N；95°12.1′W | |
| 11 | Lyondell | Sims Bayou Turning Basin. | 29°43.2′N；95°14.4′W | |
| 12 | I-610 Bridge | I-610 Bridge | 29°43.5′N；95°16.0′W | |
| 13 | Buffalo Bayou | Houston Turning Basin | 29°45.0′N；95°17.4′W | |

### §161.40 伯威克湾船舶交通服务

1. VTS 区域由以下水道的通航水域组成：海岸内航道（ICW）摩根城至艾伦港，从里程标记 0 至 5 mi 标记的备选线路；从哈维洛克（WHL）西侧 93 mi 标记到 102 mi 标记的海岸内航道（ICW）；从 113 mi 标记到 122 mi 标记的阿查法拉亚河线路；从沙弗河口枢纽（ICW94.5 mi 标志 WHL）向南，沿沙弗河口一法定 mi；从伯威克洛克西北沿阿查法拉亚河下游一法定 mi。

2. VTS 是一个特殊区域。伯威克湾 VTS 特殊区域由伯灵顿北部/圣达菲铁路桥 1 000 码①半径范围内的水域组成，位于 0.03 miMC/PA。

3. 报告点如表 161.40(3) 所示。

表 161.40(3) 伯威克湾报告点

| 指示符 | 地理名称 | 地理描述 | 纬度/经度 | 注释 |
|---|---|---|---|---|
| 1 | Stouts Pass | Stouts Point Light "1" Mile 113 – Atchafalaya River | 29°43′47″ N 91°13′25″ W | |

① 1 码等于 0.914 4 米。

表 161.40(3)（续）

| 指示符 | 地理名称 | 地理描述 | 纬度/经度 | 注释 |
|---|---|---|---|---|
| 2 | Berwick Lock | Mile 1.9 MC/PA | 29°43′10″ N<br>91°13′28″ W | If transiting the Lock |
| 3 | Conrad′s Point Junction | Buoy "1" Mile 1.5 MC/PA | 29°42′32″ N<br>91°13′14″ W | |
| 4 | Swift Ships Flat Lake Junction | Mile 3 MC/PA | 29°43′26″ N<br>91°12′22″ W | |
| 5 | Burlington Northern/ Santa Fe Railroad Bridge | Mile 0.3 MC/PA | 29°41′34″ N<br>91°12′44″ W | |
| 6 | 20 Grant Point Junction | Bayou Boeuf – Atchafalaya R. Mile 95.5 ICW | 29°41′18″ N<br>91°12′36″ W | |
| 7 | ICW | Overhead Power Cable Mile 96.5 ICW | 29°40′43″ N<br>91°13′18″ W | |
| 8 | Wax Bayou Junction | Light "A" Mile 98.2W ICW | 29°39′29″ N<br>91°14′46″ W | |
| 9 | Shaffer Junction | ICW – Bayou Shaffer Mile 94.5 ICW | 29°41′10″ N<br>91°11′38″ W | |

### §161.45 圣玛丽河船舶交通服务。

1. VTS 区域由圣玛丽河和下白鱼湾的通航水域组成,南至 45°57′N(De Tour Reef Light),北至 46°38.7′N.(Ile Parisienne Light),但圣玛丽瀑布运河,以及沿拉波因特至西姆斯波因特的一线以东,位于布加甘尼辛湾和沃斯利湾在内的水域除外。

2. 报告点如表 161.45(2)所示。

**表 161.45(2) 圣玛丽河报告点**

| 指示符 | 地理名称 | 地理描述 | 纬度/经度 | 注释 |
|---|---|---|---|---|
| 1 | Ile Parisienne | Ile Parisienne Light | 46°37.3′N;<br>84°45.9′W | Downbound Only. |
| 2 | Gros Cap Reef | Gros Cap Reefs Light | 46°30.6′N;<br>84°37.1′W | Upbound Only. |
| 3 | Round Island | Round Island Light 32 | 46°26.9′N;<br>84°31.7′W | |
| 4 | Pointe Louise | Pointe Louise Light | 46°27.8′N;<br>84°28.2′W. | |
| 5 | West End of Locks | West Center Pierhead Light | 46°30.2′N;<br>84°22.2′W | Upbound Only. |
| 6 | East End of Locks | East Center Pierhead Light | 46°30.1′N;<br>84°20.3′W | Downbound Only. |
| 7 | Mission Point | Light 99 | 46°29.2′N;<br>84°18.1′W | |
| 8 | Six Mile Point | Six Mile Point | 46°26.1′N;<br>84°15.4′W. | |
| 9 | Ninemile Point | Light 80 | 46°23.5′N;<br>84°14.1′W. | |
| 10 | West Neebish Channel | Light 29 | 46°16.9′N;<br>84°12.5′W | Downbound Only |
| 11 | Munuscong Lake Junction | Lighted Junction Buoy | 46°10.8′N;<br>84°05.6′W. | |
| 12 | De Tour Reef | De Tour Reef Light | 46°56.9′N;<br>83°53.7′W. | |

## §161.50 旧金山船舶交通服务

旧金山 VTS 系统区域包括马雷岛堤道大桥以南的旧金山湾区所有通航水域，以及佩塔卢马河入口航道 19 号昼标和佩塔卢玛河入口 20 号航道灯以及邓巴顿大桥以北的通航水域;在塔马帕斯山(北纬 37-55.8′西经 122-34.6′)38 n mile 半径范围内的向海航道;其可通航支流向东至圣华金河上的斯托克顿港,北至萨克拉门托河上的萨克拉门多港。

### §161.55 普吉特海峡的船舶交通服务和胡安德富卡海峡地区的合作船舶交通服务

船舶交通服务(VTS)普吉特湾区域包括其范围内的美国通航水域,边界为从华盛顿州海岸线在北纬48°23′08″西经124°43′37″W 处绘制的一条线,该线位于美国领海边界以西的塔图什岛(北纬48°23′30″西经124°44′12″)上平坦角航灯;从那里沿美国领海边界向北到达与美国/加拿大国际边界的交点;从那里沿美国/加拿大国际边界向东,穿过胡安·德富卡海峡、哈罗海峡、边界水道和乔治亚海峡的水域,到达华盛顿州海岸线国际边界 C 航迹灯,(北纬49°00′06″西经122°45′18″)。该区域包括:普吉特湾、胡德运河、拥有湾、圣胡安岛群岛、罗萨里奥海峡、圭姆海峡、贝林厄姆湾、胡安·德富卡海峡和佐治亚海峡的美国水域,以及与上述水域相邻的所有水域。

1. 普吉特海湾船舶交通服务公司参与美国/加拿大合作船舶交通服务(CVTS),共同管理胡安德富卡海峡地区的船舶交通。胡安·德富卡地区的 CVT 包括胡安德富卡海峡及其近海航道、南乔治亚海峡、海湾和圣胡安群岛、罗萨里奥海峡、边界通道和哈罗海峡的所有水域,西北方向以北纬48°35′45″经线为界;西南偏北为北纬48°23′30″经线;西侧连接北纬48°35′45″西经124°47′30″与北纬48°西经124°、48°48′37″的直角线。在佐治亚海峡的东北部,沿北纬49°经线从温哥华岛到塞 m 阿穆湾绘制的线;在东南部,从坎普半岛上的麦卡迪点到惠德比岛上的帕特里奇点划线分界。加拿大和美国船舶交通中心(加拿大托菲诺、不列颠哥伦比亚省、加拿大温哥华、加拿大和华盛顿州西雅图)管理 CVTS 区域内的交通,而不考虑国际边界。

2. VTS 特殊区域:圣胡安岛群岛东部 VTS 特别区域包括圣胡安群岛东部的所有水域,包括:罗萨里奥海峡,其南部以北纬48°26.40′为界(预防区域"RB"的中心),从洛佩斯岛延伸至菲达尔戈岛,北纬48°40.57′(预防区域"C"的中心),从奥卡斯岛延伸至卢米岛;格梅斯海峡;贝灵汉海峡;北纬48°38.42′以南的帕迪拉湾和贝灵汉湾南部(萨米什湾)。

注:预防区域"RB"的中心没有浮标标记。美国国家海洋和大气管理局(NOAA)海图上描绘了所有预防区域。

3. 其他 VTS 特殊区域操作要求。以下附加要求适用于圣胡安岛群岛东部 VTS 特殊区域:

(1)从事拖航的船舶不得妨碍载重 40 000 t 或 40 000 t 以上的船舶通过。

(2)载重吨位小于 40 000 t 的船舶不受本部分§161.13 节 2 款(1)项规定的限制。

(3)长度小于 100 m 的船舶不受本部分§161.13 节 2 款(3)项规定的约束。

(4)以下情况将不予批准:

①长度为 100 m 或 100 m 以上的船舶,对遇或追越载重 40 000 t 或 40 000 t 以上的船舶;

②载重 40 000 t 或 40 000 t 以上的船只,对遇或追越长度 100 m 或 100 m 以上长船舶;

③长度为 100 m 或 100 m 以上的船舶,在载重 40 000 t 或 40 000 t 以上的船只的 2 000 码范围内横穿或进行横穿操作(横穿船尾时除外);

④载重 40 000 t 或 40 000 t 以上的船舶,在长度 100 m 或 100 m 以上船舶的 2 000 码范围内横穿或进行横穿操作(从横穿船尾时除外)。

4. 报告点,胡安·德富卡海峡入境船只交汇区(124-W)。

### §161.60 威廉王子湾船舶交通服务

1. VTS 区域由美国的通航水域组成,该水域位于从辛钦布鲁克角航航灯到纵帆船岩航灯之间连线以北,包括西经 146°30′和西经 147°20′之间的威廉王子湾部分,涵盖瓦尔迪兹湾、瓦尔迪兹海峡和瓦尔迪兹港。

2. 瓦尔迪兹 VTS 特殊区域包括瓦尔迪兹湾分道通航方案的水域(如本章§167.1703 所述);通过点为北纬 60°58.04′西经 146°46.52′和北纬 60°58.93′西经 146°48.86′,从海岸线到海岸线切线的的东北部水域;位于从北纬 61°02.10′西经 146°40.00′处的舌头岬 307°真实方位的西南部。

3. 瓦尔迪兹海峡 VTS 特殊区域由瓦尔迪兹湾、瓦尔迪兹峡谷和瓦尔迪兹港的水域组成,该水域位于北纬 61°02′06″处舌头岬的 307°真实方位的东北部,西经 146°40′。在北纬 61°05′06″西经 146°36′42″处,从入海口岛航灯方向 307°真实方位的西南方向。

4. 其他 VTS 特殊区域操作要求。以下附加要求适用于瓦尔迪兹 VTS 特殊区域:

(1)未经 VTS 事先批准,VMRS 用户不得在北纬 61°以北行驶。

(2)对于本节第 3(3)项所列的船舶:

①当载重量超过 20 000 吨的油罐船在该区域航行时,不得批准其他船舶进入该区域;

②北行船舶应保持在北纬 61°以南,直至 VTS 批准继续航行;

③南行船舶应停留在瓦迪兹港西经 146°35′以东和北纬 61°06′以北位置,直到

210

VTS 批准继续航行。

(3)本条第 3 款(2)项适用于:

① 总吨位 1 600 t 或 600 t 以上的船舶;

②长度为 8 m 或 8 m 以上的拖船,但履行美国《联邦法规》第 33 篇第 168 节规定的护航船职责的船舶除外。

5. 报告点如表 161.60(4)所示。

**表 161.60(4)威廉王子湾报告点**

| 指示符 | 地理名称 | 地理描述 | 纬度/经度 | 注释 |
|---|---|---|---|---|
| 1A | Cape Hinchinbrook | Cape Hinchinbrook | 60°16′18″ N; 146°45′30″ W | Northbound Only |
| 1B | Schooner Rock | Schooner Rock | 60°18′42″ N; 146°51′36″ W | Southbound Only. |
| 2A | Naked Island | Naked Island | 60°40′00″ N; 147°01′24″ W | Northbound Only. |
| 2B | Naked Island | Naked Island | 60°40′00″ N; 147°05′00″ W | Southbound Only. |
| 3A | Bligh Reef | Bligh Reef Light (Pilot Embark) | 60°50′36″ N; 146°57′30″ W | Northbound Only |
| 3B | Bligh Reef | Bligh Reef Light (Pilot Disembark) | 60°51′00″ N; 147°01′24″ W | Southbound Only. |
| 4A | Rocky Point | Rocky Point | 60°57′48″ N; 146°47′30″ W | Northbound Only |
| 4B | Rocky Point | Rocky Point | 60°57′48″ N; 146°50′00″ W | Southbound Only. |
| 5 | Entrance Island | Entrance Island Light | 61°05′24″ N; 146°37′30″ W | |

### §161.65 密西西比河下游船舶交通服务。

1. 该地区船舶交通服务(VTS)区域包括密西西比河下游北纬 30°38.7′和西经 91°17.5′以南的通航水域(哈得逊港航道灯位于航道头上游 254.5 n mile(AHP))、

西南航道以及在北纬 28°54.3′或西经 89°25.7′(航道头下游 20.1 n mile 处的西南航道入口灯)的 12 n mile 半径范围内的水域。

2. 阿尔及尔点 VTS 特殊区域由密西西比河下游(LMR)的通航水域组成,其北面从北纬 29°57.62′西经 90°02.61′至北纬 29°57.34′和西经 90°02.60′之间的连线界定,而南面则由北纬 29°56.89′至西经 90°03.72′和北纬 29°56.93′西经 90°03.34′(95.0 和 93.5 miAHP)之间的线界定,当卡洛顿地区水位在上升阶段水位计读数为 8.0 英尺或 8.0 英尺以上,或在下降阶段读数为 9.0 英尺以上,或港口(COTP)船长认为必要的任何其他水条件下。

3. 其他阿尔及尔点 VTS 特殊区域操作要求。以下附加要求适用于阿尔及尔角 VTS 特殊区域:

(1)船舶移动报告系统(VMRS)用户必须遵守州长尼科尔斯街码头(北纬 29°57.6′西经 90°03.4′)和格雷特纳(北纬 29°55.5′西经 90°3.7′)控制灯(分别为 94.3 和 96.6 n mileAHP)的信号,信号如下所示:

①绿灯——可按预期通行

②红灯——不得继续通行(除非 VTS 另有指示)

③无灯(无信号灯)——停止前进,立即通知 VTS 并等待进一步指示。

**§161.65.3 注释:**

(1)为了向下行船舶提前提供通知,格雷特纳航灯的交通中继器信号位于洛杉矶韦斯特维戈,北纬 29°54.8′;90°08.3′W(101.4 n mileAHP)。

(2)等待信号改变或 VTS 指示的船舶必须远离通过该区域的其他船舶。

4.81 n mile 报告点位 VTS 特殊区域由 167.5 n mileAHP 至 187.9 n mileAHP 之间的 LMR 通航水域组成。

5.81 n mile 报告点位 VTS 特殊区域附加操作要求。以下附加要求适用于 81 n mile 报告点位 VTS 特殊区域:

(1)在驶过阳光桥 167.5 n mileAHP 之前,船舶必须通过 VHF 5A 频道联系 VTS 新奥尔良,以办理登记手续。船舶必须提供其名称和目的地,并确认其自动识别系统(AIS)是否正确运行(如 33 CFR 164.46 要求),如适用,还必须提供拖船的尺寸以及装载和空驳船的数量。在 173.7 n mileAHP,布林格角航灯处,上行船必须联系新奥尔良 VTS,并提供后续位置检查。在登记和后续位置检查时,新奥尔良 VTS 将通知船舶接近 81 n mile 报告点位的交通情况。

(2)在顺流而下驶过 187.9 miAHP COS-MAR 航灯前,船舶必须通过 VHF 5A 频道联系新奥尔良船舶交通服务(VTS),以办理登记手续。船舶必须提供其名称和目的地,根据 33 CFR 164.46 要求,确认其 AIS 是否运行正常,如果适用,还必须提供拖船的尺寸以及装载和空驳船的数量。在183.9 miAHP,怀恩多特化工码头航灯处,下行的船只必须联系新奥尔良船舶交通服务(VTS),并提供后续位置检查。在登记和后续位置检查时,新奥尔良VTS将通知船舶接近81 mi点的交通情况。

(3)在167.5 mi和187.9 miAHP之间航行的所有船舶必须在航行前立即在VHF5A频道与新奥尔良VTS登记,并且必须遵守本节第4款(1)和(2)项中列出的相应上行和下行登记和后续点。

(4)如果船队船舶离开各自的船队或驶入主航道,则必须向新奥尔良VTS登记。如果船队船舶仅在其舰队内作业,则无需报到。

6. 报告如表161.65(5)所示。

表 161.65(5)密西西比河下游 VTS 报告点

| 指示符 | 地理名称 | 地理描述 | 纬度/经度/里程标记 | 注释 |
|---|---|---|---|---|
| A | Algiers Canal Forebay | 88.0 AHP | 29°55.40′N;<br>89°57.7′W | Upbound transiting Algiers Point Special Area. |
| B | Industrial Canal | 92.7 AHP | 29°57.2′N;<br>90°01.68′W | Upbound transiting Algiers Point Special Area. |
| C | Crescent Towing Smith Fleet | 93.5 AHP | 29°57.50′N;<br>90°02.62′W | Upbound Towing vessels transiting Algiers Point Special Area. |
| D | Marlex Terminal (Naval Ships) | 99.0 AHP | 29°54.65′N;<br>90°05.87′W | Downbound transiting Algiers Point Special Area. |
| E | Huey P Long Bridge | 106.1 AH | 29°56.6′N;<br>90°10.1′W | Downbound transiting Algiers Point Special Area. |

### §161.70 阿瑟港船舶交通服务。

1. 该地区VTS区域包括所有美国的通航水域和领海界限,其界限如下:北纬30°10.00′西经92°37.00′;向南至北纬29°10.00′西经92°37.00′;向西至北纬29°10.00′西经93°52.25′;然后向西北至北纬29°33.70′西经94°21.25′;再向北至北纬30°10.00′西经94°21.25′;然后再沿北纬30°10′线向东直至起始点。

注:虽然阿瑟港VTS的强制性参与仅限于美国通航水域内的区域,但鼓励用户在安全水位标识线处报告,以促进VTS区域内的船舶交通管理,并接受咨询或导航

协助。

2.预防区域如表161.70(2)所示。

**表 161.70(2)阿瑟港预防区域船舶交通服务**

| 预防区名称 | 半径(码) | 纬度中心点 | 经度中心点 |
|---|---|---|---|
| Petco Bend | 2000 yds | 30°00.80′N. | 93°57.60′W |
| Black Bend | 2000 yds | 30°00.00′N. | 93°46.20′W. |
| Orange Cut | 2000 yds | 30°03.25′N. | 93°43.20′W |
| Neches River Intersection | 2000 yds | 29°58.10′N. | 93°51.25′W. |
| Texaco Island Intersection | 2000 yds | 29°49.40′N. | 94°57.55′W. |
| Sabine—Neches Waterway | N/A | All waters of the Sabine - Neches Waterway between the Texaco Island Precautionary Area and the Humble Island Precautionary Area. |

注:预防区域包括围绕中心点所示半径的圆形区域,但萨宾—内奇斯运河除外。

3.报告点(入港)如表161.70(3)所示。

**表 161.70(3)入港**

| 指示符 | 地理名称 | 地理描述 | 纬度/经度 | 注释 |
|---|---|---|---|---|
| 1 | Sabine Bank Channel "SB" Buoy | Sabine Bank Sea Buoy | 29°25.00′N. 93°40.00′W. | Sailing Plan Report |
| 2 | Sabine Pass Buoys "29/30" | Sabine Pass Buoys "29/30" | 29°35.90′N. 93°48.20′W. | |
| 3 | Port Arthur Canal Light "43" | Keith Lake | 29°46.50′N. 93°56.47′W. | |
| 4 | North Forty GIWW Mile 279 | North Forty | 29°56.40′N. 93°52.10′W. | |
| 5 | FINA Highline Neches River Light "19" | FINA Highline | 29°59.10′N. 93°54.30′W. | |
| 6 | Ready Reserve Fleet Highline | Channel at Cove Mid-Poin | 30°00.80′N. 93°59.90′W. | |

表 161.70(3)

| 指示符 | 地理名称 | 地理描述 | 纬度/经度 | 注释 |
|---|---|---|---|---|
| 7 | Sabine River MM 268 | 268 Highline | 30°02.20′N. 93°44.30′W. | |

4. 报告点(出港)如表 161.70(4)所示。

表 161.70(4) 出港

| 指示符 | 地理名称 | 地理描述 | 纬度/经度 | 注释 |
|---|---|---|---|---|
| 1 | Sabine River Light "2" | Black Bayou | 30°00.00′N. 93°46.25′W. | |
| 2 | Ready Reserve Fleet Highline | Channel at Cove Mid—Point | 30°00.80′N. 93°59.90′W. | |
| 3 | FINA Highline Neches River Light "19" | FINA Highline | 29°59.09′N. 93°54.30′W. | |
| 4 | GIWW Mile 285 | The School House | 29°52.70′N. 93°55.55′W. | SectRr SKift |
| 5 | Port Arthur Canal Light "43" | Keith Lake | 29°46.50′N. 93°56.47′W. | |
| 6 | Sabine Pass Buoys "29/30" | Sabine Pass Buoys "29/30" | 29°35.90′N. 93°48.20′W. | |
| 7 | Sabine Bank Channel "SB" Buoy | Sabine Bank Sea Buoy | 29°25.00′N. 93°40.00′W. | Final Report |

5. 报告点(向东航行)如表 161.70(5)所示。

表 161.70(5) 向东航行(ICW)

| 指示符 | 地理名称 | 地理描述 | 纬度/经度 | 注释 |
|---|---|---|---|---|
| 1 | GIWW Mile 295 | ICW MM 295 | 29°47.25′N. 94°01.10′W. | Sailing Plan Report. |

表 161.70(5)(续)

| 指示符 | 地理名称 | 地理描述 | 纬度/经度 | 注释 |
|---|---|---|---|---|
| 2 | North Forty GIWW Mile 279 | North Forty | 29°56.40′N. 93°52.10′W. | |
| 3 | Sabine River MM 268 | 268 Highline | 30°02.20′N. 93°44.30′W. | |
| 4 | GIWW Mile 260 | 260 Highline | 30°03.50′N. 93°37.50′W. | Final Report. |

6.报告点(向西航行)如表 161.70(6)所示。

表 161.70(6)西行(ICW)

| 指示符 | 地理名称 | 地理描述 | 纬度/经度 | 注释 |
|---|---|---|---|---|
| 1 | GIWW Mile 260 | 260 Highline | 30°03.50′N. 93°37.50′W. | Sailing Plan Report. |
| 2 | Sabine River Light "2" | Black Bayou | 30°00.03′N. 93°46.18′W. | |
| 3 | GIWW Mile 285 | The School House | 29°52.71′N. 93°55.55′W. | Sector Shift. |
| 4 | GIWW Mile 295 | ICW MM 295 | 29°46.20′N. 94°02.60′W. | Final Report. |

7.报告点(海上安全航道)如表 161.70(7)所示。

表 161.70(7)海上安全航道

| 指示符 | 地理名称 | 地理描述 | 纬度/经度 | 注释 |
|---|---|---|---|---|
| 1 | Sabine Pass Safety | Fairway—East East Dogleg | 29°35.00′N. 93°28.00′W. | |
| 2 | Sabine Pass Safety | Fairway—West West Dogleg | 29°28.00′N. 93°58.00′W. | |

**表 161. 12（C）–VTS 和 VMRS 中心、呼叫标志/MMSI、指定频率和监测（A）**

| 中心<br>–MMSI<br>呼叫标志 | 指定频率（航道指定）<br>–目的 | 监测区 |
|---|---|---|
| 贝里克湾<br>–03669950<br>柏威克交通 | 156. 550 MHz（CH. 11） | 29°45'N 以南、91°10'W 以西、29°37'N 以北和 91°18'W 以东水域 |
| 秃鹰湾<br>秃鹫湾管制 | 5156. 600 MHz（CH. 12） | 北纬 41°27. 20'N 的罗德岛 Sakonnet 点南切线东面和北面的水域<br>西经 71°11. 70'W. 至秃鹰湾入口光，大致位置为北纬 41°23. 8'，西经 71°02. 00'，然后到达马萨诸塞州 Cuttyhunk 岛西南切线，其大致位置为北纬 41°24. 60'，东经 70°57. 00'，包括通往其东部入口处的所有科德角运河，但在飓风屏障（北）围内的新贝德福德港区域和通过伊丽莎白群岛的通道不被视为"秃鹰湾" |
| 休斯顿-加尔维斯顿<br>–003669954<br>休斯敦交通部 | 156. 550 MHz（CH. 11）<br>156. 250 MHz（CH. 5A）<br>–只适用于航行计划<br>156. 600 MHz（CH. 12）<br>156. 250 MHz（CH. 5A）<br>–只适用于航行计划 | 通航水域位于 29°N 以北，西经 94°20'W，29°49'N 以南，95°20'W 以东<br>从埃克森 1 号码头最南端（北纬 20°43. 37'，西经 95°01. 27'）向西延伸的一条线以北的可航行水域<br>从埃克森 1 号码头最南端（北纬 29°43. 37'，西经 95°01. 27'）向西延伸的一条线的可通航水域 |
| 洛杉矶/长滩<br>圣佩德罗交通<br>路易斯维尔交通 | 156. 700 MHz（Ch. 14）<br>156. 650 MHz（Ch. 13） | 船舶调度报告系统区域:点佛明光半径 25n mile 内的可航行水域（北纬 33°42. 3'，西经 118°17. 6'）<br>在麦阿尔卑斯湖（606 mi）和十二里岛（593 mi）之间的俄亥俄河的水域，只有在麦阿尔卑斯河上游水位计在大约 13. 0 英尺或以上 |

表 161. 12( C )（续）

| 中心<br>-MMSI<br>呼叫标志 | 指定频率（航道指定）<br>-目的 | 监测区 |
|---|---|---|
| 密西西比河下游<br>-0036699952<br>新奥尔良交通<br>新奥尔良交通<br>新奥尔良交通 | 156. 700 MHz( Ch. 11 )<br>156. 600 MHz( Ch. 12 )<br>156. 600 MHz( Ch. 0. 5A) | 密西西比河下游水域，位于北纬 29°55. 3 ' N 089°55. 6'西经之下，海拔 86. 0 mi( AHP )，向下游延伸至西南通道，在 12 海里半径范围内，北纬 28°54. 3 '，北纬 089°25. 7 '西经（西南通道入口灯，在通道头下方 20. 1 mi 处）<br>密西西比河下游水域以北纬 29°55 '30" 和西经 090°12 '46" （上 12 mi 点）的垂直线（109. 0 mi 层次分析法）为界，南以北纬 29°55. 3 ' N 089°55. 6'W 垂直绘制的一条线为界，层次分析法为 86. 0 mi<br>密西西比河下游水域 30°38. 7 ' N 091°17. 5 ' W （哈德逊光港）在 254. 5 mi 处的通航水域，以南面一条线为界<br>在北纬 29°55 '30" 和西经 090°12 '46" （上 12 mi 点）109. 0 mi 处垂直于河流 |

**表 161. 12( C )–VTS 和 VMRS 中心、呼叫标志/MMSI、指定频率和监测( B )**

| 中心<br>-MMSI<br>呼叫标志 | 指定频率（航道指定）<br>-目的 | 监测区 |
|---|---|---|
| 纽约<br>-003669951<br>纽约交通部 | 156. 550 MHz( CH. 11 )<br>-只有 156. 600MHz 的航行计划 ( CH. 12 )<br>-锚泊船只<br>156. 700 MHz( CH. 14 )<br>156. 600 MHz( CH. 12 ) | 该地区包括纽约下湾的通航水域，以北纬 40°25 '北纬 40°25 '处画的一条线为界，东面以诺顿点至布里兹点的一条线为界；南面以一条线连接安布罗斯海峡、斯瓦什海峡和桑迪胡克海峡的入口浮标；东南面包括桑迪胡克湾以南的水域至北纬 40°25 '的一条线；然后在拉里坦湾西至拉里坦河铁路桥，然后向北进入阿瑟基尔和纽瓦克湾的水域，至北纬 40°41. 9 '的乐高谷引桥；然后向东，包括 Kill Van Kull 河和上纽约湾的水域，向北延伸到哈德逊河中从荷兰隧道通风机井（40°43. 7 ' N，东经 74°01. 6 ' W）向东画的一条线；然后继续向东延伸，包括东河的水到 Throgs 颈桥（不包括哈莱姆河） |

**表 161. 12( C )（续）**

| 中心<br>-MMSI<br>呼叫标志 | 指定频率（航道指定）<br>-目的 | 监测区 |
|---|---|---|
| | | 纽约下海湾的通航水域,位于从诺顿点到微风点的一条线以西;以及连接安布罗斯海峡、斯瓦什海峡和桑迪胡克海峡入口浮标的一条线以北,到桑迪胡克角;在东南面,包括桑迪胡克湾的水域 |
| | | 向南画一条在北纬 40°25' 的线;然后向西画入拉里坦湾东面的水域复向期,再由大基尔斯光向南通过拉里坦湾东复向期 LGB#14 画一条线以安慰 PT,NJ;然后向北包括上纽约湾 40°42. 40' N 以南的水域(布鲁克林桥)和 40°43. 70' N (荷兰隧道通风机 Shaft);西经 KVK 进入 40°38. 25' N 的阿瑟基尔北部(亚瑟基尔铁路桥);然后向北进入纽瓦克湾的水域,北纬 40°41. 95' (莱赫德河谷大桥)以南 |
| | | 拉里坦湾的通航水域,向南画一条在北纬 40°26' 的线;然后从大杀戮光向南画一条线,通过拉里坦湾东然后向西到拉里坦河铁路桥;向北包括亚瑟杀死至北纬 40°28. 25' (亚瑟基尔铁路桥)的水域;包括东河 40°42. 40' N 以北的水域(布鲁克林桥)至 Throgs 颈桥,不包括哈莱姆河 |
| 亚瑟港<br>-003669955<br>亚瑟港交通 | 156. 275 MHz （CH 65A）<br>156. 675 MHz | 北纬 29°52. 70' 以南的 Sabine-Neches 运河通航水域;亚瑟港运河;萨宾海峡;萨宾河岸海峡;萨宾外巴尔海峡;海上安全航道;以及从高岛到其与萨宾-内切运河交叉口的 ICW |
| | | 北纬 29°52. 70' 以北的内切斯河、萨宾河和萨宾-内克斯水道的通航水域。和 ICW 从它与 Sabine 河的交叉口到 MM 260 |
| | | Calcasieu 海峡的通航水域;Calcasieu 河海峡;从 MM 260 到 MM 191 的 ICW |

**表 161.12(C)(续)**

| 中心<br>-MMSI<br>呼叫标志 | 指定频率(航道指定)<br>-目的 | 监测区 |
|---|---|---|
| 威廉王子湾<br>-003669958<br>瓦尔迪兹交通 | 156.650 MHz(CH.13) | 通航水域位于 61°05′N 以南、147°20′W 以东、60°N 以北、146°30′W 以西。以及瓦尔德兹港的所有通航水域 |
| 普吉特声7<br>西雅图交通部<br>-003669957<br>西雅图交通部<br>-003669957<br>托菲诺交通<br>-003160012<br>维多利亚交通部<br>通部<br>-03160010 | 156.700 MHz(Ch.14)<br>156.250 MHz(CH.5A)<br>156.725 MHz(CH.74)<br>156.550 MHz(CH.11) | 普吉特湾、胡德运河和邻近水域,在海军湾连接结核点和布什点的一条线以南,以及从 Whidbey 岛最南端的占有点向东画到海岸线的一条线以南<br>胡安·德福卡海峡水域,西经 124°40′以东,不包括胡安·德福卡海峡中部的水域岩石;格鲁吉亚海峡在 122°52′W 以东的可航行水域。;圣胡安岛群岛,罗萨里奥海峡,贝灵汉湾;连接结核点和布什点的一条线以北的海军部,以及 Whidbey 岛以东的所有水域,从 Whidbey 岛最南端到海岸线的最南端向东画的一条线以北<br>温哥华岛海岸以西 124°40′西经 50 海里的水域,包括北纬 48°以北和 127°W 以东的水域<br>格鲁吉亚海峡水域位于 122°52′W 以西,胡安德福卡海峡中部水域位于种族岩石北部和东部,包括海湾岛屿群岛、边界通道和哈罗海峡 |

**表 161.12(C)-VTS 和 VMRS 中心、呼叫标志/MMSI、指定频率和监测(C)**

| 中心<br>-MMSI<br>呼叫标志 | 指定频率(航道指定)<br>-目的 | 监测区 |
|---|---|---|
| 旧金山<br>-003669956<br>旧金山交通 | 156.700 MHz(CH.14)<br>156.600 MHz(CH.12) | 旧金山近海保护区的通航水域、位于 122°42.0′W. 以东、37°40.0′N 以北的旧金山近海警戒区的通航水域(通过金门向东延伸)、旧金山湾的通航水域和远至圣华金河上的斯托克顿港(距萨克拉门托河上的萨克拉门托港最北)的通航水域<br>塔玛派斯山半径 38n mile 内的可航行水域(北纬 37°55.8′,西经 122°34.6′)西经 122°42.0′西经 37°40.0′北纬 37°40.0′,不包括旧金山近海警戒区 |

**表 161.12(C)(续)**

| 中心<br>-MMSI<br>呼叫标志 | 指定频率(航道指定)<br>-目的 | 监测区 |
|---|---|---|
| 圣玛丽河<br>-003669953 | 156.600 MHz(CH.12) | 圣玛丽河的水域,介于 45°57'N(环礁光)和 46°38.7'N(Lle Parisienne Light)之间,除了圣玛丽瀑布运河和 46°04.16'N 和 46°01.57'N 之间的一条线以东的可航行水域(波因特至加拿大湾和伍斯利湾的西姆斯点) |

注:1.海事移动业务标识符(MMSI)是一个唯一的 9 位数字编号,用于标识船舶站、船舶地站、海岸站、海岸地站和由数字选择性呼叫(钻柱运动补偿器)无线电、国际海事卫星组织船舶地站或 AIS 使用的组呼叫。认可机构的要求载于本章第 161.21 和 164.46 节。本章第 161.21 和 164.46 节规定的要求适用于以 MMSI 号表示的领域。

2.如果通信失败,困难或其他安全因素,中心可以指示或允许用户监测和报告任何其他指定的监测频率或桥梁到桥梁导航频率,156.650 MHz(13 频道)或 156.375 MHz(CH.67),只要这样做提供的安全程度超过了其他手段提供的安全水平。桥到桥导航频率,156.650 MHz(CH.13)在报告水平不值得指定频率的某些监测领域使用。

3.所有地理坐标(纬度和经度)均以 1983 年北美基准表示。

4.一些监测区域延伸到可航行水域以外。虽然不需要,但强烈鼓励用户在这些地区保持对指定监测频率的监听监视。

5.除本章分段 161.16 所示的船只外,33 CFR 第 161 部分 B 分节所列的要求也适用于任何通过 VMRS Buzzards Bay 的船只,该船须携带本章第 26 部分所规定的桥对桥无线电话。

6.除非另有指示,否则在 Calcasieu 通道、Calcasieu 河通道和 ICW 从 MM 260 到 MM 191 将无法提供完整的 VTS 服务。船舶可与指定 VTS 频率的亚瑟港交通部联系,要求提供咨询意见,但不需要监测这一部门的 VTS 频率。

7.美国和加拿大在毗连水域内设立了一个合作船只交通服务处。适当的中心管理两国颁布的规则;然而,在其管辖范围内,只执行自己的一套规则。注:桥到桥导航频率,156.650 MHz(CH.13)在加拿大水域内未如此指定,因此鼓励和允许用户在指定的监测频率上作出过路安排。